Friedrich Rehkopf

Griechisches Lernvokabular zum Neuen Testament

Wortschatz, grammatische Paradigmen
und Stammformen

Vandenhoeck & Ruprecht
in Göttingen

I. Das Alphabet

α	β	γ	δ	ε	ζ	η	ϑ	ι	κ	λ	μ	ν	ξ	ο	π	ρ ς	σ	τ	υ	φ	χ	ψ	ω
Α	Β	Γ	Δ	Ε	Ζ	Η	Θ	Ι	Κ	Λ	Μ	Ν	Ξ	Ο	Π	Ρ	Σ	Τ	Υ	Φ	Χ	Ψ	Ω
a	b	g	d	ĕ	ds	ē	th	i	k	l	m	n	x	ŏ	p	r	s	t	y	ph	ch	ps	ō

Die 7 Vokale α ε η ι ο υ ω.

Die langen Vokale η ω sind von den kurzen ε ο streng zu unterscheiden; α ι υ sind kurz oder lang.

Die 8 Diphthonge:
- αι = ai   ευ = eu   ου = u
- ει = e·i   ηυ = eu   υι = ü·i
- αυ = au   οι = eu

Die 3 Doppelkonsonanten
- ζ = δ + σ
- ξ = κ (γ, χ) + σ
- ψ = π (β, φ) + σ

Aussprache des γ:
γ vor κ, γ, χ und ξ wird wie n (ng) ausgesprochen: ἄγγελος Engel
ἄγκυρα Anker

II. Die 3 Akzente

a) Zirkumflex ˜ (= sóoo schön!) τοῦ, Παῦλος.

Er kann auf den letzten zwei Silben stehen; er muß auf der vorletzten Silbe stehen, wenn diese lang (η, ω, Diphthonge) und betont und die letzte Silbe kurz ist: Παῦλος.

b) Akut ' (= só ?) ἄνθρωπος, λόγος, θεός.

Er kann auf den letzten drei Silben stehen; auf der vorvorletzten aber nur, wenn die letzte kurz ist; auf der letzten nur, wenn das betr. Wort allein aufgeführt ist oder vor einem Satzzeichen steht.

c) Gravis ` (Abschwächung des Akuts) τὸ ἱερὸν καὶ ....

Er steht nur auf der letzten Silbe und nur, wenn ein Wort folgt.

III. Spiritus asper und Spiritus lenis.

Jeder anlautende Vokal oder Diphthong muß einen Spiritus asper oder lenis, jedes anlautende ρ einen Spiritus asper tragen:

Sp.asper ῾ (als 'h' zu sprechen): αἱ ὁδοί = hai hodoi; ῥήτωρ = Rhetor

Sp.lenis ᾿ (ohne hörbare Bedeutung) ἐν, ἄνθρωπος

(Akzent + Spiritus ῶ ῦ ὤ ὔ ὢ ὒ ῤΩ ἑΩ ᾽Ω ῾Ω ᾽Ω ῾/Ω)

Merke: bei Diphthongen stehen Akzent und Spiritus auf dem 2.Vokalzeichen

IV.
ἄλφα, βῆτα, γάμμα, δέλτα, ἒ ψιλόν, ζῆτα, ἦτα, θῆτα, ἰῶτα, κάππα, λάμβ‐
μῦ, νῦ, ξῖ, ὂ μικρόν, πῖ, ῥῶ, σῖγμα, ταῦ, ὒ ψιλόν, φῖ, χῖ, ψῖ, ὦ μέγα.

Μαθθαῖος, Μᾶρκος, Λουκᾶς, Ἰωάννης, Πράξεις Ἀποστόλων, Ῥωμαῖοι, Κορίνθι‐
Γαλάται, Ἐφέσιοι, Φιλιππήσιοι, Κολοσσαεῖς, Θεσσαλονικεῖς, Τιμόθεος,
Τίτος, Φιλήμων, Ἑβραῖοι, Ἰάκωβος, Πέτρος, Ἰούδας, Ἀποκάλυψις Ἰωάννου.

Wörter über 200mal im NT

ὁ, ἡ, τό	der, die, das (Artikel)		
ἀδελφός	Bruder	λόγος	Wort
ἄνθρωπος	Mensch	οὐρανός	Himmel
θεός	Gott	υἱός	Sohn
κύριος	Herr		
γῆ	Erde	μαθητής	Schüler, Jünger
ἡμέρα	Tag		
ἀνήρ, ἀνδρός	Mann	ὄνομα, ματος τό	Name
γυνή, γυναικός	Frau	πνεῦμα, ματος τό	Geist
πατήρ, πατρός	Vater	πίστις, εως ἡ	Glaube
ἅγιος, ἁγία, ἅγιον	heilig		
ὅς, ἥ, ὅ	der, die, das (Relativpronomen)		
οὗτος, αὕτη, τοῦτο	dieser, diese, dieses (Demonstrativpr.)		
ἐκεῖνος, ἐκείνη, ἐκεῖνο	jener, jene, jenes		
αὐτός, αὐτή, αὐτό	selbst (ab Gen. meistens Personalpr.)		
ὁ αὐτός, ἡ αὐτή, τὸ αὐτό	derselbe, dieselbe, dasselbe		

ὁ	ἡ	τό	οἱ	αἱ	τά	‖	ὅς	ἥ	ὅ	οἵ	αἵ	ἅ
τοῦ	τῆς	τοῦ	τῶν	τῶν	τῶν	‖	οὗ	ἧς	οὗ	ὧν	ὧν	ὧν
τῷ	τῇ	τῷ	τοῖς	ταῖς	τοῖς	‖	ᾧ	ᾗ	ᾧ	οἷς	αἷς	οἷς
τόν	τήν	τό	τούς	τάς	τά	‖	ὅν	ἥν	ὅ	οὕς	ἅς	ἅ

ἄνθρωπος	ἀνθρώπου	ἀνθρώπῳ	ἄνθρωπον
ἄνθρωποι	ἀνθρώπων	ἀνθρώποις	ἀνθρώπους
ἡμέρα	ἡμέρας	ἡμέρᾳ	ἡμέραν
ἡμέραι	ἡμερῶν	ἡμέραις	ἡμέρας
μαθητής	μαθητοῦ	μαθητῇ	μαθητήν
μαθηταί	μαθητῶν	μαθηταῖς	μαθητάς
πνεῦμα	πνεύματος	πνεύματι	πνεῦμα
πνεύματα	πνευμάτων	πνεύμασιν	πνεύματα

τίς	τίς	τί	τίνες	τίνες	τίνα
τίνος	τίνος	τίνος	τίνων	τίνων	τίνων
τίνι	τίνι	τίνι	τίσιν	τίσιν	τίσιν
τίνα	τίνα	τί	τίνας	τίνας	τίνα

ἐγώ ich	σύ du	ἡμεῖς wir	ὑμεῖς ihr		
ἐμοῦ	σοῦ	ἡμῶν	ὑμῶν		
ἐμοί	σοί	ἡμῖν	ὑμῖν		
ἐμέ	σέ	ἡμᾶς	ὑμᾶς		

τίς; (m.f.) wer? τί; (n.) 1.was? 2.warum? (_immer_ Akut!)
τις (m.f.)(irgend)ein/eine, jemand τι (irgend)etwas (enkl.)

ἀκούω	höre	λαλέω	rede
δίδωμι	gebe	λαμβάνω	nehme, empfange
γινώσκω	erkenne	λέγω	sage
ἔχω	habe, halte	πιστεύω	glaube
θέλω	will	ποιέω	tue, mache
ἀποκρίνομαι	antworte	δύναμαι	kann, vermag
γίνομαι	werde, geschehe	ἔρχομαι	gehe, komme
εἶδον	ich sah (Aor. zu ὁράω) Inf. ἰδεῖν, Ptz. ἰδών		
οἶδα	ich weiß (Pf.= Präs.; Plsqf.= Impf.) Inf. εἰδέναι		

οἶδα	οἶδας	οἶδεν	οἴδαμεν	οἴδατε	οἴδασιν	Ptz. εἰδώς
ᾔδειν	ᾔδεις	ᾔδει	ᾔδειμεν	ᾔδειτε	ᾔδεισαν	Konj. εἰδῶ

ἀκούω	ἀκούσω/-σομαι	ἤκουσα	ἀκήκοα	Akt.
	ἀκουσθήσομαι	ἠκούσθην	ἤκουσμαι	Pass.
δίδωμι	δώσω	ἔδωκα	δέδωκα	
	δοθήσομαι	ἐδόθην	δέδομαι	
γινώσκω	γνώσομαι	ἔγνων	ἔγνωκα	
	γνωσθήσομαι	ἐγνώσθην	ἔγνωσμαι	
ἔχω	ἕξω	ἔσχον	ἔσχηκα	
Impf. εἶχον		Inf. σχεῖν		
θέλω	θελήσω	ἠθέλησα	ἠθέληκα	
Impf. ἤθελον				
λαμβάνω	λήμψομαι	ἔλαβον	εἴληφα	
	ληφθήσομαι	ἐλήμφθην	εἴλημμαι	
λέγω	ἐρῶ	εἶπον/εἶπα	εἴρηκα	
	ῥηθήσομαι	ἐρρέθην	εἴρημαι	
ποιέω	ποιήσω	ἐποίησα	πεποίηκα	
	ποιηθήσομαι	ἐποιήθην	πεποίημαι	
ἀποκρίνομαι	ἀποκριθήσομαι	ἀπεκρίθην/ἀπεκρινάμην		
γίνομαι	γενήσομαι	ἐγενόμην/	γέγονα/	
		ἐγενήθην	γεγένημαι	
δύναμαι	δυνήσομαι	ἠδυνήθην/ἠδυνάσθην	δεδύνημαι	
ἔρχομαι	ἐλεύσομαι	ἦλθον/ἦλθα	ἐλήλυθα	

εἶναι Inf. sein , Ptz. ὤν, οὖσα, ὄν

Präs.	Impf.	Konj.	Opt.	Futur
εἰμί	ἤμην	ὦ	εἴην	ἔσομαι
εἶ	ἦσθα/ἦς	ᾖς	εἴης	ἔσῃ
ἐστίν	ἦν	ᾖ	εἴη	ἔσται
ἐσμέν	ἦμεν/ἤμεθα	ὦμεν	εἴμεν	ἐσόμεθα
ἐστέ	ἦτε	ἦτε	εἶτε	ἔσεσθε
εἰσίν	ἦσαν	ὦσιν	εἶεν	ἔσονται

πᾶς, πᾶσα, πᾶν jeder,ganz   πολύς, πολλή, πολύ viel
εἷς, μία, ἕν einer=ein einziger οὐδείς, οὐδεμία, οὐδέν niemand,kein
ἑαυτοῦ, ἑαυτῆς, ἑαυτοῦ sich (auch αὐτοῦ)

πᾶς	πᾶσα	πᾶν	πάντες	πᾶσαι	πάντα
παντός	πάσης	παντός	πάντων	πασῶν	πάντων
παντί	πάσῃ	παντί	πᾶσιν	πάσαις	πᾶσιν
πάντα	πᾶσαν	πᾶν	πάντας	πάσας	πάντα

ὤν	οὖσα	ὄν	ὄντες	οὖσαι	ὄντα
ὄντος	οὔσης	ὄντος	ὄντων	οὐσῶν	ὄντων
ὄντι	οὔσῃ	ὄντι	οὖσιν	οὔσαις	οὖσιν
ὄντα	οὖσαν	ὄν	ὄντας	οὔσας	ὄντα

εἷς	μία	ἕν
ἑνός	μιᾶς	ἑνός
ἑνί	μιᾷ	ἑνί
ἕνα	μίαν	ἕν

ἀπό b.Gen. von, aus   ἐν b.Dat. in (wo?)
ἐκ, ἐξ b.Gen. aus   εἰς b.Akk. in (wohin?), hin ... zu
διά b.Gen. durch   διά b.Akk. wegen
κατά b.Gen. 1.herab, 2.gegen   κατά b.Akk. längs, gemäß, in
μετά b.Gen. mit   μετά b.Akk. nach (temporal)
περί b.Gen. über   περί b.Akk. um
ὑπό b.Gen. von (b.Passiv)   ὑπό b.Akk. unter
ἐπί b.Gen. auf, z.Zt. ἐπί b.Dat. auf ἐπί b.Akk. auf...hin, gegen
πρός b.Gen.von-her πρός b.Dat. bei πρός b.Akk. zu

ἀλλά   aber, sondern   δέ   aber, (oft: und)
καί   und, auch   τε   und, und so (140mal Apg)
γάρ   denn, nämlich   οὖν   also, nun
εἰ   wenn, ob   ἐάν   wenn (mit Konj.)
οὐ,οὐκ,οὐχ nicht (objektiv)   μή   nicht (subjektiv)
ὅτι   daß, da, weil   ἵνα   damit (mit Konj.)
ὡς   wie, daß, als (temp.)   οὕτως so
ἤ   oder, als (nach Kompl) ἰδού   siehe!
μή   Konjunktion: 1. damit nicht, 2. nach "fürchten": daß
ἤ ... ἤ   entweder ... oder
καί ... καί, τε ... καί, τε ... τε sowohl ... als auch

οὗτος	αὕτη	τοῦτο	οὗτοι	αὗται	ταῦτα
τούτου	ταύτης	τούτου	τούτων	τούτων	τούτων
τούτῳ	ταύτῃ	τούτῳ	τούτοις	ταύταις	τούτοις
τοῦτον	ταύτην	τοῦτο	τούτους	ταύτας	ταῦτα

Wörter 100 - 200mal im NT

ἄγγελος	Bote, Engel	νόμος	Gesetz
δοῦλος	Diener, Sklave	ὁδός ἡ	Weg
θάνατος	Tod	οἶκος	Haus
κόσμος	Welt	ὀφθαλμός	Auge
λαός	Volk	ὄχλος	Volkshaufe
νεκρός	tot, Toter		

ἀγάπη	Liebe	ζωή	Leben
ἀλήθεια	Wahrheit	καρδία	Herz
ἁμαρτία	Sünde	προφήτης	Prophet
βασιλεία	Königreich, Königsherrschaft	φωνή	Stimme
δόξα	Ruhm, Ehre, Herrlichk.	ψυχή	Seele, Leben
ἐκκλησία	Versammlung, Gemeinde	ὥρα	Stunde
ἐξουσία	Macht		

ἔργον τό Werk, Tat (Pl. τὰ ἔργα)

ἀγαθός, ή, όν gut   ἴδιος, ία, ιον eigen
ἄλλος, η, ο ein anderer   ὅσος, η, ον wie groß, wie viel ?
μέγας, μεγάλη, μέγα groß (Gen.: μεγάλου, μεγάλης, μεγάλου)
δύο (Dat. δυσί) zwei   ὅλος, η, ον ganz
ὅστις, ἥτις, ὅτι (jeder,) der; wer immer (unbest. Rel.pronomen)
ἀλλήλων (Gen.), -οις (Dat.), -ους (Akk.) einander (Reziprokpr.)

αἰών, -ῶνος ὁ	Weltalter, Zeit	ἀρχιερεύς, -έως ὁ	Hohepriester
βασιλεύς, -έως ὁ	König	δύναμις, -εως ἡ	Kraft, Macht
ἔθνος, -ους τό	Volk	πόλις, -εως ἡ	Stadt
σάρξ, σαρκός ἡ	Fleisch	σῶμα, -ματος τό	Leib, Körper
χάρις, -ιτος ἡ	Gnade, Dank	χείρ, χειρός ἡ	Hand

ἀγαπάω	liebe	δεῖ	es ist nötig
αἴρω	hebe, trage fort	ἐγείρω	wecke auf, richte auf
ἀποθνῄσκω	sterbe	ἐσθίω	esse
ἀποστέλλω	sende ab	εὑρίσκω	finde
ἀφίημι	lasse fort, vergebe	ζάω (Inf. ζῆν)	lebe
βάλλω	werfe	ζητέω	suche
βλέπω	sehe	ἵστημι	stelle
γράφω	schreibe	καλέω	rufe, nenne

κρίνω	urteile	παρακαλέω	ermahne, tröste
μέλλω (Augm.ἐ o. ἠ) soll,muß,will		πορεύομαι	gehe, reise
μένω	bleibe, tr. erwarte	σῴζω	rette, bewahre
ὁράω	sehe (ὤφθην erschien)	τίθημι	setze, stelle, lege
παραδίδωμι	übergebe	ἀνίστημι	trans.stelle auf, intr.stehe auf

αἴρω	ἀρῶ ἀρθήσομαι	ἦρα ἤρθην	ἦρκα ἦρμαι
ἀποθνῄσκω	ἀποθανοῦμαι	ἀπέθανον	τέθνηκα
ἀποστέλλω	-στελῶ σταλήσομαι	-έστειλα -εστάλην	-έσταλκα -έσταλμαι
ἀφίημι	-ήσω -εθήσομαι	-ἧκα -έθην	εἷκα -έωμαι
βάλλω	βαλῶ βληθήσομαι	ἔβαλον/ἔβαλα ἐβλήθην	βέβληκα βέβλημαι
γράφω	γράψω γραφήσομαι	ἔγραψα ἐγράφην	γέγραφα γέγραμμαι
ἐγείρω ἐγείρομαι	ἐγερῶ ἐγερθήσομαι	ἤγειρα ἠγέρθην	-- ἐγήγερμαι
ἐσθίω	φάγομαι	ἔφαγον	βέβρωκα
εὑρίσκω	εὑρήσω εὑρεθήσομαι	εὗρον εὑρέθην	εὕρηκα ηὕρημαι
ζάω	ζήσω/ζήσομαι	ἔζησα	--
ἵστημι/ἱστάνω	στήσω -σταθήσομαι	ἔστησα -εστάθην	ἕστακα trans.stelle
ἵσταμαι	στήσομαι/ σταθήσομαι	ἔστην/ ἐστάθην	ἕστηκα intr. trete
καλέω	καλέσω κληθήσομαι	ἐκάλεσα ἐκλήθην	κέκληκα κέκλημαι
ὁράω	ὄψομαι ὀφθήσομαι	εἶδον/εἶδα ὤφθην	ἑώρακα ἑώραμαι/ὦμμαι
πορεύομαι	πορεύσομαι	ἐπορεύθην	--
σῴζω	σώσω σωθήσομαι	ἔσωσα ἐσώθην	σέσωκα σέσωσμαι
τίθημι	θήσω --	ἔθηκα ἐτέθην	τέθεικα τέθειμαι/κεῖμαι

σύν b. Dat. mit
παρά b. Gen. von...her   παρά b. Dat. bei   παρά b. Akk. 1. neben, 2. gegen
ὑπέρ b. Gen. für   ὑπέρ b. Akk. über...hinaus

ἄν   Moduspartikel   ἕως ⎰ Konjunktion solange als/bis
                                     ⎱ Präp. b. Gen. bis
καθώς (hell.) (ebenso) wie   μέν   zwar
νῦν   jetzt, nun   ὅταν (m. Konj.) (dann/immer) wenn
ὅτε   als, nachdem; wenn   οὐδέ   und nicht, auch nicht
                                             nicht einmal
πάλιν   wiederum
τότε   damals, dann   πῶς   wie?

Komposita und Formen von ἵστημι / ἵσταμαι (trans. u. intr.)

ἀνίστημι	stelle auf	ἐφίσταμαι	trete heran
ἀνίσταμαι	stehe auf	καθίστημι	stelle hin, setze ein
ἀνθίσταμαι	stelle mich entgegen	ἀποκαθίστημι	stelle wieder her
ἀφίστημι	entferne	μεθίστημι	stelle um, ändere
ἀφίσταμαι	entferne mich, lasse ab	παρίστημι	bringe dar, stelle vor
ἐνέστηκα	bin vorhanden/gegenwärtig	παρίσταμαι	trete herzu
ἐξίστημι	verwirre	προΐσταμαι	trete an die Spitze, sorge
ἐξίσταμαι	gerate außer mir	συνίστημι	stelle zusammen, empfehle

Präs. trans.   **Aor. intr.**
ἵστησιν   er, sie, es stellt   ἔ-στη-σαν   sie traten
ἱστᾶσιν   sie stellen   στῆναι   treten
ἱστάναι   stellen   στάς   tretend
ἱστάς, -άντος stellend   -στά/-στῆθι stelle dich

Aor. trans.   **Perf. intr.**
ἔ-στη-σα-ν sie stellten   ἑστηκέναι/ἑστάναι stehen
στῆσαι   stellen   ἑστηκώς/ἑστώς   stehend
στήσας   stellend

Wörter 75 - 99mal im NT

ἀπόστολος	Bote, Apostel	καιρός	Zeit, Zeitpunkt
ἄρτος	Brot	τόπος	Ort, Platz
εὐαγγέλιον	Frohe Botschaft	τέκνον	Kind
σημεῖον	Zeichen		
δικαιοσύνη	Gerechtigkeit	κεφαλή	Kopf
εἰρήνη	Friede	οἰκία	Haus
θάλασσα	Meer, See		
καλός, ή, όν	schön, gut	πονηρός, ά, όν	schlecht
δίκαιος, α, ον	gerecht	πρῶτος, η, ον	erster
αἷμα, -ατος τό	Blut	στόμα, -ατος τό	Mund
μήτηρ, μητρός	Mutter	ὕδωρ, ὕδατος τό	Wasser
πούς, ποδός ὁ	Fuß		

ἀκολουθέω	folge	μαρτυρέω	bezeuge
ἀναβαίνω	gehe hinauf	πέμπω	sende, schicke
ἀνοίγω	öffne	περιπατέω	gehe umher, wandle
ἀπ-όλλυμι	*trans.* vernichte	πίπτω	falle
ἀπ-όλλυμαι	*intr.* komme um	πληρόω	erfülle, vollende
ἄρχω	herrsche, beginne	προσεύχομαι	bete
βαπτίζω	taufe	ὑπ-άγω	gehe, gehe weg
γεννάω	zeuge, gebäre	φοβέομαι	fürchte (mich)
διδάσκω	lehre		1. τι (vor)etwas 2. μή daß
κάθημαι	sitze	καταβαίνω	steige herab
ἄγω (66x)	führe, gehe	βαίνω (Simplex 0 x)	gehe

βαίνω	βήσομαι	ἔβην	βέβηκα
ἀνοίγω	ἀνοίξω	ἀνέῳξα/ἠνέῳξα/ἤνοιξα ἀνεῴχθην/ἠνεῴχθην/ ἠνοίχθην/ἠνοίγην	ἀνέῳγα ἀνέῳγμαι
ἀπ-όλλυμι	ἀπ-ολέσω	ἀπ-ώλεσα	ἀπ-ολώλεκα
ἀπ-όλλυμαι	ἀπ-ολοῦμαι	ἀπ-ωλόμην	ἀπ-όλωλα
ἄρχω	ἄρξω ἀρχθήσομαι	ἦρξα ἤρχθην	ἦρχα ἦργμαι
πίπτω	πεσοῦμαι	ἔπεσον/ἔπεσα	πέπτωκα
ἄγω	ἄξω ἀχθήσομαι	ἤγαγον/-ἦξα ἤχθην	ἦχα ἦγμαι

δώδεκα	zwölf	κἀγώ (= καὶ ἐγώ)	und ich, ich auch
ἐνώπιον b.Gen.	vor	μᾶλλον	mehr, lieber
ἕκαστος,η,ον	jeder	μηδείς, μηδεμία, μηδέν	niemand
ἐκεῖ	dort	ὅπου	wo
ἐμός,ή,όν	mein	οὔτε	und nicht
ἑπτά	sieben	ὥστε	so daß, deshalb
ἕτερος,α,ον	ein anderer	οὐ μή (m. Konj.)	gewiß nicht
ἔτι	weiter, noch	οὔτε ... οὔτε	weder ... noch

Wörter 50 - 74mal im NT

διδάσκαλος	Lehrer	λίθος	Stein
θρόνος	Thron, Herrschaft	χρόνος	Zeit
καρπός	Frucht		
δαιμόνιον	Dämon, Geist	πλοῖον	Schiff
ἱερόν	Heiligtum, Tempel	πρόσωπον	Angesicht
ἱμάτιον	Kleid, Mantel	σάββατον	Sabbat, Woche
παιδίον	Kind		
ἀρχή	Anfang, Obrigkeit	παραβολή	Gleichnis
γλῶσσα	Zunge, Sprache	σοφία	Weisheit
γραφή	Schrift	συναγωγή	Versammlungs(platz), Synagoge
ἐντολή	Gesetz, Gebot	χαρά	Freude
ἐπαγγελία	Ankündigung, Verheißung		

ἀγαπητός, ή, όν	geliebt	μακάριος, ία, ον	glücklich, selig
αἰώνιος (ία) ον	ewig	μέσος, η, ον	mittlerer
δεξιός, ά, όν	rechts	πιστός, ή, όν	treu, gläubig
ἔσχατος, η, ον	letzter	πρεσβύτερος, α, ον	älterer
κακός, ή, όν	schlecht	τυφλός, ή, όν	blind
λοιπός, ή, όν	übrig		

τοιοῦτος, τοιαύτη, τοιοῦτο(ν)   so beschaffen, derartig

γραμματεύς, -έως ὁ	Schriftgelehrter	ὄρος, -ους τό	Berg
ἐλπίς, -ίδος ἡ	Hoffnung	πῦρ, πυρός τό	Feuer
θέλημα, -ατος τό	Wille	ῥῆμα, -ατος τό	Wort, Spruch
νύξ, νυκτός ἡ	Nacht	φῶς, φωτός τό	Licht

πλείων (Mask. u. Fem.), πλεῖον/πλέον   mehr (Komp. von πολύς)

πλείων	πλεῖον/πλέον	πλείονες/πλείους	πλείονα/πλείω
πλείονος			πλειόνων
πλείονι			πλείοσιν
πλείονα/πλείω	πλεῖον/πλέον	πλείονας/πλείους	πλείονα/πλείω

βασιλεύς	βασιλέως	βασιλεῖ	βασιλέα
βασιλεῖς	βασιλέων	βασιλεῦσι	βασιλεῖς
ἔθνος	ἔθνους	ἔθνει	ἔθνος
ἔθνη	ἐθνῶν	ἔθνεσι	ἔθνη

αἰτέω	fordere, bitte	κράζω	(Aor. ἔκραξα) rufe aus, schreie
ἀποκτείνω	töte	πείθω	überzeuge, überrede; Pass. gehorche
ἀπολύω	lasse los	πέποιθα	(Pf. zu πείθω) vertraue
ἀσπάζομαι	grüße	πέπεισμαι	bin überzeugt
δέχομαι	nehme auf	πίνω	trinke
δοκέω	meine, scheine	προσκυνέω	bete an
δοξάζω	rühme	σπείρω	säe, streue aus
(ἐπ)ἐρωτάω	frage, bitte	τηρέω	bewahre, hüte
εὐαγγελίζω/-ομαι	verkündige	ὑπάρχω	bin (vorhanden)
θεωρέω	schaue an, sehe	φέρω	bringe, trage
κηρύσσω	verkündige	χαίρω	freue mich

φημί ich sage, φησίν er sagt, φασίν sie sagen, ἔφη er sagte

ἀποκτείνω	ἀποκτενῶ	ἀπέκτεινα ἀπεκτάνθην	ἀπέκτονα
δοκέω	δόξω	ἔδοξα	
ἐρωτάω	ἐρωτήσω /ἐρήσομαι	ἠρώτησα /ἠρόμην	ἠρώτηκα
πείθω	πείσω πεισθήσομαι	ἔπεισα ἐπείσθην	
πίνω	πίομαι	ἔπιον	πέπωκα
φέρω	οἴσω ἐνεχθήσομαι	ἤνεγκον/ἤνεγκα ἠνέχθην	ἐνήνοχα ἐνήνεγμαι
χαίρω	χαρήσομαι	ἐχάρην	

διό	deshalb, deswegen	μόνον	nur, allein
εἴτε - εἴτε	ob - oder	ὅπως	Adv. wie; mit Konj. damit
ἔξω	außen	οὐχί	nicht, "nein"
εὐθύς,-εῖα,-ύ	Adj. gerade	πρῶτον	zuerst
εὐθύς	Adv. sofort	τρεῖς, ~, τρία	drei
ἤδη	schon, jetzt	ὧδε	hierher, hier
μηδέ	und/auch nicht, nicht einmal		

εὐθύς	εὐθεῖα	εὐθύ	εὐθεῖς	εὐθεῖαι	εὐθέα
εὐθέος	εὐθείας	εὐθέος	εὐθέων	εὐθειῶν	εὐθέων
εὐθεῖ	εὐθείᾳ	εὐθεῖ	εὐθέσιν	εὐθείαις	εὐθέσιν
εὐθύν	εὐθεῖαν	εὐθύ	εὐθεῖς	εὐθείας	εὐθέα

Wörter 40 - 49mal im NT

ἁμαρτωλός	Sünder	ναός	Tempel
φόβος	Furcht	θηρίον	Tier
γενεά	Geschlecht	τιμή	Ehre, Wert
σωτηρία	Rettung	φυλακή	Wache, Gefängnis
χρεία	Bedürfnis, Bedarf, Mangel		

ἄξιος,ία,ον	wert	ὀλίγος,η,ον	wenig, gering
δεύτερος,α,ον	zweiter	ὅμοιος,οία,ον	ähnlich
ἔρημος,~,ον	leer, öde	σεαυτοῦ,ῆς	deiner (Gen.)
ἱκανός,ή,όν	genügend, tüchtig	τέσσαρες,~,α	vier
καινός,ή,όν	neu	τρίτος,η,ον	dritter
μόνος,η,ον	allein		

ἀνάστασις,εως ἡ	Auferstehung	μέρος,-ους τό	Teil
ἔτος,-ους τό	Jahr	σπέρμα,-ατος τό	Same
θλῖψις,-εως ἡ	Bedrängnis	τέλος,-ους τό	Ziel, Ende
κρίσις,-εως ἡ	Gericht, Urteil	als Adv.	schließlich

μείζων,~, μεῖζον (Gen. μείζονος) größer (Komp. von μέγας)

ἁμαρτάνω	fehle, sündige	καθίζω	setze (Aor. auch: setze mich)
ἀποδίδωμι	gebe ab, zahle	κατοικέω	wohne, bewohne
δέω	binde	κρατέω	bemächtige mich
διώκω	verfolge	λογίζομαι	rechne an, überlege
ἐγγίζω	nähere mich	λύω	löse
ἐπιγινώσκω	erkenne, merke	οἰκοδομέω	erbaue
ἐργάζομαι (Augm.εἰ o.ἠ)	arbeite	παραλαμβάνω	übernehme
ἑτοιμάζω	bereite	παριστάνω	stelle bereit, intr. trete heran
εὐλογέω	rühme, segne	σταυρόω	kreuzige
θαυμάζω	wundere mich	φανερόω	mache offenbar
θεραπεύω	diene, heile	φωνέω	rufe
πάσχω	dulde, leide : πείσομαι - ἔπαθον - πέπονθα		

ἁμαρτάνω	ἁμαρτήσω	ἥμαρτον/ἡμάρτησα	ἡμάρτηκα
καθίζω	καθίσω	ἐκάθισα	κεκάθικα

ἄρα	denn, also	πάντοτε	stets, immer
ἄχρι (1.Präp.b.Gen. 2.Konj.)	bis	ποῦ	wo? wohin?
ἔμπροσθεν	vorne, vor	σήμερον	heute
οὐαί	wehe!	πρό b.Gen. (Präp.)	vor
οὐκέτι	nicht mehr	χωρίς b.Gen. (Präp.)	ohne

Wörter 30 - 39mal im NT

Greek	German	Greek	German
ἀγρός	Acker	ἥλιος	Sonne
ἄνεμος	Wind	οἶνος	Wein
διάβολος	Verleumder, Teufel		
ἀρνίον	Lamm	ποτήριον	Kelch
βιβλίον	Buch	✗ πρόβατον	Schaf
μνημεῖον	Grab		
διαθήκη	Testament, Bund	ὀργή	Zorn
διακονία	Dienst	✗ παρρησία	Offenheit, Zuversicht
διδαχή	Lehre	περιτομή	Beschneidung
ἐπιθυμία	Begierde	προσευχή	Gebet
θύρα	Tür	ὑπομονή	Geduld
μαρτυρία	Zeugnis	φυλή	Stamm
ἄρχων,-οντος ὁ	Herrscher	οὖς, ὠτός τό	Ohr
ἱερεύς,-έως ὁ	Priester	πλῆθος,-ους τό	Menge, Volk
μάρτυς,-τυρος ὁ	Zeuge	σκότος,-ους τό	Finsternis, Dunkel
✗ μέλος,-ους τό	Glied	συνείδησις,-εως ἡ	Gewissen
ἀκάθαρτος,ον	unrein	μικρός,ά,όν	klein
ἅπας,ἅπασα,ἅπαν	jeder,ganz;Pl.alle	ποῖος,α,ον	wie beschaffen?
δυνατός,ή,όν	stark,Ntr.möglich	πτωχός,ή,όν	arm
✗ ἐχθρός,ά,όν	feind(lich), Feind	ἐμαυτοῦ,ῆς	meiner (Gen.)
ἀγοράζω	kaufe	ἐπιστρέφω	wende, kehre um (tr.u.intr.)
ἀναγινώσκω	lese	εὐχαριστέω	danke
ἅπτομαι	berühre	καθαρίζω	reinige
✗ ἀρνέομαι	leugne, verleugne	✗ καυχάομαι	rühme mich
ἀσθενέω	bin krank, schwach	κλαίω	(Aor. ἔκλαυσα) weine
βλασφημέω	lästere	μετανοέω	tue Buße, kehre um
βούλομαι	will	μισέω	hasse
δείκνυμι	zeige	ὀφείλω	bin schuldig: schulde, muß
διακονέω	diene	παραγγέλλω	befehle
δικαιόω	rechtfertige	παραγίνομαι	komme an
ἐλεέω	erbarme mich	πειράζω	versuche
ἐλπίζω	hoffe	περισσεύω	bin überreich
✗ ἔξεστιν	es ist erlaubt	πλανάω	verführe
ἐπικαλέω	rufe an, nenne	πράσσω	tue

ὑποστρέφω	kehre zurück	φαίνω	*intr.u.Med.* scheine
ὑποτάσσω	ordne unter	φυλάσσω	wache, bewache; bewahre, befolge

βούλομαι	βουλήσομαι	ἐβουλήθην	
πράσσω	πράξω, πραχθήσομαι	ἔπραξα, ἐπράχθην	πέπραχα, πέπραγμαι
δείκνυμι	δείξω, δειχθήσομαι	ἔδειξα, ἐδείχθην	δέδειχα, δέδειγμαι
τάσσω	τάξω, ταγήσομαι	ἔταξα, ἐτάχθην (att.), ἐτάγην (Koine)	τέταχα, τέταγμαι
φαίνω φαίνομαι	φανῶ φανήσομαι	ἔφανα ἐφάνην	πέφηνα

ἄρτι	jetzt, sofort	ναί	ja
γε	wenigstens, sogar	ὁμοίως	ebenso
ἐγγύς	nahe	ὀπίσω	hinter (- her)
εὐθέως	sofort	πέντε	fünf
καλῶς	gut	πλήν	aber, *Präp.* außer
μήτε	und nicht	ὥσπερ	gleichwie
μήτε - μήτε	weder - noch		

Wörter 25 - 29mal im NT

διάκονος	Diener	σταυρός	Kreuz
μισθός	Lohn		
δένδρον	Baum	μυστήριον	Geheimnis
ἀδελφή	Schwester	μάχαιρα	Schwert
ἀδικία	Unrecht	νεφέλη	Wolke
ἑορτή	Fest	πορνεία	Unzucht
θυσία	Opfer	χήρα	Witwe
κώμη	Dorf	χώρα	Land
ἀληθινός, ή, όν	wahr	πνευματικός, ή, όν	geistig
ἰσχυρός, ά, όν	stark	σός, σή, σόν	dein
καθαρός, ά, όν	rein	φίλος, η, ον	freund, Freund
πλούσιος, ία, ον	reich		

γνῶσις,-εως ἡ	Erkenntnis	κρίμα,-ατος τό	Urteil
ἔλεος,-ους τό	Mitleid	παράκλησις,-εως ἡ	Ermahnung, Trost
θυγάτηρ,-τρός	Tochter	στρατιώτης,-ου ὁ	Soldat
ἀληθής,ές	wahr	ἀσθενής,ές	kraftlos, krank

ἀληθής   ἀληθές   ἀληθεῖς   ἀληθῆ
   ἀληθοῦς   ἀληθῶν
   ἀληθεῖ   ἀληθέσι
ἀληθῆ   ἀληθές   ἀληθεῖς   ἀληθῆ

ἁγιάζω	heilige	κελεύω	befehle
ἀδικέω	tue Unrecht	λυπέω	betrübe
ἀποκαλύπτω	offenbare	μανθάνω	lerne, erfahre
βαστάζω	trage	νικάω	siege, besiege
γαμέω	heirate	ὄμνυμι/ὀμνύω	schwöre
γνωρίζω	tue kund	ὁμολογέω	gestehe ein/zu, bekenne
δουλεύω	diene	πίμπλημι	fülle an
ἐνδύω	ziehe an	προσκαλέομαι	rufe herbei, berufe
ἐπιτιμάω	tadele	σκανδαλίζω	ärgere, verführe zur Sünde
ἡγέομαι	führe, meine, halte für	συνίημι	verstehe
ἥκω	komme, bin da	τελέω	vollende
ἰάομαι	heile	φεύγω	fliehe, meide
ἰσχύω	bin stark	φιλέω	liebe
καταργέω	entkräfte	φρονέω	denke
ἀναβλέπω	blicke auf, sehe wieder	παρέρχομαι	gehe vorüber

μανθάνω	μαθήσομαι	ἔμαθον	μεμάθηκα
ὄμνυμι/ὀμνύω	ὀμοῦμαι	ὤμοσα	ὀμώμοκα
πίμπλημι	πλήσω	ἔπλησα	πέπληκα
	πλησθήσομαι	ἐπλήσθην	πέπλησμαι
φεύγω	φεύξομαι	ἔφυγον	πέφευγα

δέκα	zehn	μήποτε	niemals
ἐκεῖθεν	von dort	οὔπω	noch nicht
ἕνεκεν b.Gen.	wegen	πόθεν	woher?
ἐπεί	*nachdem,* weil	πόσος,η,ον	wie groß? wie viel?
ἴδε	siehe!	ποτε *(enkl.)*	(irgendwann) einmal, einstmals

Wörter 20 - 24mal im NT

πειρασμός	Prüfung, Versuchung	χιλίαρχος	Befehlshaber
πλοῦτος	Reichtum		
ἀργύριον	Silber, Geld	μαρτύριον	Zeugnis
ζῷον	Lebewesen	ξύλον	Holz
θυσιαστήριον	Altar	συνέδριον	Hohe Rat
αἰτία	Ursache, Schuld	κοιλία	Mutterleib
ἀκοή	Hören, Ohr, Kunde, Predigt	μετάνοια	Buße
ἀκροβυστία	Unbeschnittenheit	παρουσία	Gegenwart, Ankunft
ἀσθένεια	Krankheit, Schwachheit	πληγή	Schlag
διδασκαλία	Unterricht, Lehre	σκηνή	Zelt
ἐπιστολή	Brief		

ἄπιστος, ον	ungläubig	λευκός, ή, όν	weiß
ἐκλεκτός, ή, όν	ausgewählt	νέος, α, ον	neu, jung
ἐλεύθερος, α, ον	frei	σοφός, ή, όν	weise
κἀκεῖνος, η, ον	und jener		

ἀμπελών, -ῶνος ὁ	Weinberg	ἰχθύς, -ύος ὁ	Fisch
ἀστήρ, -έρος ὁ	Stern	νοῦς, νοός ὁ	Verstand
βάπτισμα, -ατος τό	Taufe	παῖς, παιδός ὁ	Knabe, Knecht
γένος, -ους τό	Geschlecht	σκεῦος, -ους τό	Gefäß, Gerät
γονεῖς, -έων οἱ	Eltern	σωτήρ, -ῆρος ὁ	Retter
εἰκών, -όνος ἡ	Bild	τελώνης, -ου ὁ	Zöllner
ἑκατοντάρχης, -ου ὁ	Centurio	ὑπηρέτης, -ου ὁ	Diener
ἐπίγνωσις, -εως ἡ	Erkenntnis	χιλιάς, -άδος ἡ	Tausendschaft
ἡγεμών, -όνος ὁ	Fürst, Statthalter		

ἀγνοέω	(er)kenne nicht	θεάομαι	schaue
ἀναιρέω	nehme weg, töte	θερίζω	ernte
βασιλεύω	bin König	καθεύδω	schlafe
αὐξάνω	vermehre, wachse	καθίστημι	setze ein
δέομαι (τινός)	bitte (jmdn.)	καταλείπω	lasse zurück
δοκιμάζω	prüfe	κατεργάζομαι	führe aus
ἐκλέγομαι	wähle aus	κατηγορέω	klage an
ἐνεργέω	wirke (tr.u.intr.)	κεῖμαι	liege
ἐπιλαμβάνομαι	ergreife	κοπιάω	mühe mich ab
εὐδοκέω	habe Wohlgefallen	κωλύω	hindere
ἐφίσταμαι	trete heran	λατρεύω	diene
γρηγορέω (hell.)	wache	μιμνῄσκομαι (τινος)	erinnere mich (an)

μνημονεύω	erinnere (mich)	προσέχω	achte auf
νηστεύω	faste	πωλέω	verkaufe
πάρειμι	bin dabei	στρέφω	wende, kehre um *(tr.u.intr.)*
πεινάω	hungere	τελειόω	vollende
περιβάλλω	lege um, ziehe an	τιμάω	ehre
αἱρέω	nehme, *Med.* (er)wähle	ὑπακούω	gehorche
προάγω	gehe voran	ὑψόω	erhöhe
ἀνάγω	{ führe hinauf / (Med.) laufe aus (m.Schiff)	χαρίζομαι	schenke, verzeihe

αἱρέω	αἱρήσω/ἑλῶ αἱρεθήσομαι	εἷλον/εἷλα ᾑρέθην	ᾕρηκα ᾕρημαι
δέομαι	δεήσομαι	ἐδεήθην	δεδέημαι
αὐξάνω	αὐξήσω αὐξήσομαι	ηὔξησα ηὐξήθην	ηὔξηκα ηὔξημαι
λείπω	λείψω λειφθήσομαι	ἔλιπον/ἔλειψα ἐλείφθην	λέλοιπα λέλειμμαι
μιμνῄσκομαι	μνησθήσομαι	ἐμνήσθην	μέμνημαι
στρέφω	στρέψω στραφήσομαι	ἔστρεψα ἐστράφην	ἔστροφα ἔστραμμαι

ἀντί b.Gen.	anstatt	πέραν	jenseits
διότι	weil, deshalb	τεσσεράκοντα	vierzig
μηκέτι	nicht mehr	ὡσεί	gleichsam wie *(b.Zahlen:)* ungefähr
οὗ	wo		

Wörter 15 - 19mal im NT

ἀριθμός	Zahl	θυμός	Leidenschaft, Zorn
γάμος	Hochzeit	ἵππος	Pferd
γεωργός	Bauer	κληρονόμος	(der) Erbe
δέσμιος	Gefangener	κόπος	Mühe
δεσμός	Fessel, Gefangenschaft	νυμφίος	Bräutigam
ζῆλος	Eifer	πόλεμος	Krieg
θεμέλιος	Fundament	ποταμός	Fluß
θησαυρός	Schatz	στέφανος	Kranz
παρθένος ἡ	Jungfrau	χόρτος	Gras
δεῖπνον	Mahl	δῶρον	Geschenk
δηνάριον	Denar	σκάνδαλον	Anstoß
ἀνάγκη	Zwang, Not(lage)	οἰκουμένη	Erdkreis
ἀπώλεια	Verderben	πέτρα	Fels
βλασφημία	Schmähung	προφητεία	Weissagung
εὐλογία	Lob, Segen	ῥίζα	Wurzel
εὐσέβεια	Frömmigkeit	σκοτία	Finsternis
εὐχαριστία	Dank	συκῆ	Feigenbaum
κοινωνία	Gemeinschaft	τράπεζα	Tisch
λύπη	Trauer	τροφή	Nahrung
οἰκοδομή	Bau, Erbauung	ὑπακοή	Gehorsam

γνωστός,ή,όν	bekannt	παλαιός,ά,όν	alt
γυμνός,ή,όν	nackt	περισσότερος,α,ον	größer, mehr
ἐπουράνιος,ιον	himmlisch	τέλειος,α,ον	vollkommen
ἕτοιμος,η,ον	bereit	φανερός,ά,όν	sichtbar, bekannt
κενός,ή,όν	leer, nichtig	χρυσοῦς,ῆ,οῦν	golden
κρυπτός,ή,όν	verborgen		

τοσοῦτος, τοσαύτη, τοσοῦτο(ν) so groß, so viel

ἀποκάλυψις,-εως ἡ	Offenbarung	κτίσις,-εως ἡ	Schöpfung
ἄφεσις,-εως ἡ	Erlassung, Vergebung	λῃστής,-οῦ ὁ	Räuber
βρῶμα,-ατος τό	Speise	μήν,μηνός ὁ	Monat
δέησις,-εως ἡ	Bitte	πάθημα,-ατος τό	Leid
ἐργάτης,-ου ὁ	Arbeiter	παράπτωμα,-ατος τό	Vergehen
θρίξ,τριχός ἡ	Haar	πλήρωμα,-ατος τό	Fülle
κλέπτης,-ου ὁ	Dieb	ποιμήν,-ένος ὁ	Hirte
κριτής,-οῦ ὁ	Richter	πυλών,-ῶνος ὁ	Tor, Portal

σφραγίς,-ίδος ἡ	Siegel	ὑποκριτής,-οῦ ὁ	Heuchler
τέρας,-ατος τό	Wunder	χάρισμα,-ατος τό	Gnadengabe

κρείσσων (m.f.) κρεῖσσον (n.) Gen. κρείσσονος   hervorragender, besser

πλήρης, ~ , πλῆρες (hell. indeklinabel)   angefüllt, voll

ἀθετέω	hebe auf, verwerfe	κοιμάομαι	schlafe, entschlafe
ἀνακρίνω	befrage, prüfe	κρύπτω	verberge
ἀνέχομαι	halte aus	κτίζω	(er)schaffe
ἀπέχω (τινός)	bin entfernt (von)	μεριμνάω	sorge
ἀρέσκω (Aor. ἤρεσα)	gefalle	νίπτω	wasche
γεύομαι	genieße	νομίζω	meine, nehme an
δέρω	schinde	ξηραίνω	trockne
διακρίνω	trenne	ὁμοιόω	mache gleich, vergleiche
διαλογίζομαι	erwäge	παρατίθημι	setze/lege vor
διαμαρτύρομαι	beschwöre, bezeuge	παρέχω	gewähre
διατάσσω	befehle	παύω	beende
διψάω	dürste	περιτέμνω (Aor.-έτεμον)	beschneide
ἐκτείνω	strecke aus	ποτίζω	tränke, gebe zu trinken
ἐλέγχω	überführe	προσδοκάω	erwarte
ἐμβαίνω	steige ein	ῥύομαι	errette
ἐξίστημι	verwirre	σαλεύω	erschüttere
ἐπαγγέλλομαι	verspreche, verheiße	σφραγίζω	versiegele
ἐπαίρω	hebe auf	ταράσσω	errege, verwirre
ἐπιθυμέω	begehre	τίκτω (Aor. ἔτεκον)	gebäre
ἐπιμένω	bleibe	τολμάω	wage
ἐπιτρέπω	gestatte	τρέχω (Aor. ἔδραμον)	laufe
κατακρίνω	verurteile	ὑπομένω	halte aus
κατέχω	halte zurück	ὑστερέω τινός	bin geringer, ermangele
κερδαίνω	gewinne	χορτάζω	sättige
κλείω	schließe	ὠφελέω	nütze
κληρονομέω	erbe	ἐκχέω	gieße aus

ἀληθῶς	wahrhaftig, wirklich	μικρόν	ein bißchen
ἐπάνω	oben	νυνί	= νῦν (S.8) jetzt
ἑκατόν	hundert	παραχρῆμα	sofort
ἐπαύριον	morgen	πλησίον	nahe; ὁ πλησίον der Nächste
ἔπειτα	sodann	πολλάκις	oft
καθάπερ	gleichwie	πότε	wann?
κακῶς (Adv.)	schlecht	ὅθεν	von wo
κἄν (=καὶ ἐάν)	und wenn, wenn auch	οὐδέποτε	niemals
μέχρι	bis	ταχύ (Adv.)	schnell
μήτι	nicht etwa?	ὡσαύτως	ebenso

Wörter 13 - 14mal im NT

διαλογισμός	Gedanke	σεισμός	Erdbeben
ἐνιαυτός	Jahr	σῖτος	Weizen, Korn
θερισμός	Ernte	τρόπος	Art und Weise
καπνός	Rauch	τύπος	Figur, Form, Vorbild
λύχνος	Lampe	συνεργός	Mitarbeiter
μέτρον	Maß	πετεινόν	Vogel
μύρον	Salböl	χρυσίον	Gold
ἄκανθαι αἱ	Dornen	κληρονομία	(das) Erbe
ἀναστροφή	Betragen	μακροθυμία	Geduld
ἀνομία	Gesetzlosigkeit	ὀψία	Abend
ἐλεημοσύνη	Almosen	παιδίσκη	Magd
ζύμη	Sauerteig		

ἀλλότριος, ία, ιον	fremd	ξένος, η, ον	fremd
ἀμφότεροι, αι, α	beide	οἷος, οἵα, οἷον	wie beschaffen
ἕκτος, η, ον	sechster	τίμιος, ία, ιον	kostbar
ἐλάχιστος, η, ον	kleinster	ὕψιστος, η, ον	höchster
κοινός, ή, όν	gemeinsam, gemein	φρόνιμος, ~, ον	verständig
κωφός, ή, όν	stumm, taub	χωλός, ή, όν	lahm
νήπιος, ία, ιον	unmündig		

γράμμα, -ατος τό	Buchstabe, Buch	ὄφις, -εως ὁ	Schlange
δράκων, -οντος ὁ	Drache	παράδοσις, -εως ἡ	Überlieferung
ἀναγγέλλω	melde, berichte	ἐπίσταμαι	verstehe, weiß, kenne
ἀνάκειμαι	liege (zu Tische)	ἐπιζητέω	suche auf
ἀναλαμβάνω	nehme auf	εὐφραίνω	erfreue
ἀναχωρέω	gehe weg	θύω	opfere, schlachte
ἀνθίσταμαι	stelle mich entgegen	καταισχύνω	beschäme
ἀπειθέω	bin ungehorsam	καταλαμβάνω	ergreife
ἁρπάζω	raube	κατανοέω	bemerke
ἀτενίζω	sehe *gespannt* hin	καταντάω	komme hin, gelange zu
ἀφίστημι	entferne	καταρτίζω	bereite
δαιμονίζομαι	bin besessen	κλάω	breche
διαλέγομαι	unterhalte mich	κλέπτω	stehle
διαφέρω *intr.*	unterscheide mich	κοινόω	mache gemein, entweihe
ἐκπλήσσω (Aor.-επλάγην)	erschrecke	μερίζω	teile
ἐμπαίζω	verspotte	μοιχεύω	treibe Ehebruch
ἐντέλλομαι	trage auf	νοέω	begreife
ἐξαποστέλλω	sende aus	παιδεύω	erziehe, züchtige

προσδέχομαι	nehme auf, erwarte	τύπτω	schlage
στηρίζω	befestige	χωρίζω	trenne; *Pass.* entferne mich
ταπεινόω	erniedrige		
ἀνά b.Akk.	zwischen, je	ἕξ	sechs
ἄνωθεν	von oben; wiederum	ἔξωθεν	(von) außen
ἅπαξ *(Adv.)*	einmal	μάκροθεν	von ferne
αὔριον	morgen	πρίν	ehe, bevor
εἶτα	dann, danach	πως	irgendwie

Wörter 11 - 12mal im NT

ἀσκός	Schlauch	λιμός	Hunger
δόλος	List	νεανίσκος	Jüngling
ἔπαινος	Lob	νόσος ἡ	Krankheit
κάλαμος	Schilfrohr	πῶλος	Fohlen
κλάδος	Zweig	ῥάβδος ἡ	Rute, Stab
κλῆρος	Los, Anteil	χοῖρος	Ferkel
κράβατος	Bett, Pritsche		
δίκτυον	Netz	ὅριον	*nur Pl.:* Grenzgebiet
εἴδωλον	Götterbild	σπλάγχνα τά	Mitleid, Erbarmen
ἔλαιον	Öl		
ἀγορά	Marktplatz	ἐλευθερία	Freiheit
ἀπιστία	Untreue	καταβολή	Grundlegung
αὐλή	Hof	λυχνία	Leuchter
βουλή	Beschluß	λίμνη	See
βροντή	Donner	πηγή	Quelle
γέεννα	Hölle	πόρνη	Hure
διάνοια	Verstand	σπουδή	Eifer
δωρεά	Geschenk	φιάλη *(nur Apk)*	Opferschale
ἐλαία	Ölbaum	κακία	Schlechtigkeit, Laster
ἄδικος, ον	ungerecht	μωρός, ά, όν	töricht
ἀρχαῖος, αία, αῖον	alt		
ἀλέκτωρ, -ορος ὁ	Hahn	καύχησις, -εως ἡ	Rühmen
ἅλυσις, -εως ἡ	Kette	κέρας, -ατος τό	Horn
βαπτιστής, -οῦ ὁ	Täufer	κλῆσις, -εως ἡ	Beruf(ung)
βῆμα, -ατος τό	Tribüne, Richterstuhl	κράτος, -ους τό	Kraft
βρῶσις, -εως ἡ	Essen	ὀδούς, ὀδόντος ὁ	Zahn
γόνυ, -ατος τό	Knie	οἰκοδεσπότης, -ου ὁ	Hausherr
ἔθος, -ους τό	Sitte	ὅραμα, -ατος τό	Vision
καύχημα, -ατος τό	Ruhm	πρᾶγμα, -ατος τό	Sache, Vorfall

πραΰτης,-ητος ἡ	Sanftmut	φύσις,-εως ἡ	Natur
πρόθεσις,-εως ἡ	Absicht	χιτών,-ῶνος ὁ	Kleid
σάλπιγξ,-γγος ἡ	Trompete		

ἄφρων,~,ον (-ονος)	unverständig	χείρων,~,ον (-ονος)	schlechter
ὑγιής,~,ές (-οῦς)	gesund		

ἀγαλλιάω	jubele	παραιτέομαι	bitte mir aus, verbitte mir
ἀναπαύω	lasse ausruhen	πιάζω	ergreife
ἀπαρνέομαι	verleugne	πληθύνω	mache voll, vermehre
βασανίζω	foltere	πλουτέω	bin reich
βοάω	rufe	ποιμαίνω	weide
γέμω	bin voll	πυνθάνομαι	erfrage (Aor. ἐπυθόμην)
ἐάω (Augm. εἰ)	lasse	σαλπίζω	trompete
ἐκχύνομαι	werde vergossen	σπλαγχνίζομαι	erbarme mich
ἐξουθενέω	verachte	σπουδάζω	beeile mich, bemühe mich
ἐπισκέπτομαι	besehe, besuche	σχίζω	spalte
ζηλόω	bin eifrig	τελευτάω	beende, sterbe
ζωοποιέω	belebe	τυγχάνω (τινός)	erlange (Aor. ἔτυχον) etwas
θανατόω	töte	ὑγιαίνω	bin gesund
θάπτω (Aor. Pass. ἐτάφην)	begrabe	φονεύω	morde
καίω (κατα-)	brenne (ver-)	φυτεύω	pflanze an
κατασκευάζω	bereite	φωτίζω	erleuchte
κολλάομαι	schließe mich an	ψεύδομαι	lüge
κομίζω	trage herbei	χράομαι (τινι)	gebrauche (etw.)
μετρέω	messe	ἐπιπίπτω	falle auf, befalle
ἀναπίπτω	lege mich nieder	μεταβαίνω	gehe hinüber, ziehe um
διαμερίζω	zerteile	προσλαμβάνομαι	nehme beiseite
ἐνδείκνυμι	zeige, beweise	συνέχω	halte zusammen, ergreife
δεῦτε	auf! her!	πρωΐ	früh (morgens)
εἴκοσι	zwanzig	σφόδρα	heftig, sehr
ἔσωθεν	inwendig	τριάκοντα	dreißig
λίαν	ganz, sehr	τρίς	dreimal
μάλιστα	gar sehr	ὑποκάτω	unterhalb
ὁμοθυμαδόν	einmütig	ὕστερον	später
περισσοτέρως	mehr, besonders	ὑψηλός,ή,όν	hoch
πρότερος,α,ον	früher	χίλιοι,αι,α	tausend

Uneigentliche Präpositionen beim Genitiv

ἐνώπιον	93x	vor	πέραν	15x	jenseits	ἀπέναντι 4x	gegenüber
ἕως	86x	bis	ἐκτός	14x	außer	πλήν 4x	außer
ἄχρι	48x	bis	κατέναντι	9x	gegenüber	ἄνευ 3x	ohne
ἔμπροσθεν	48x	vor	μεταξύ	9x	zwischen	ἔναντι 2x	gegenüber
ἕνεκα	26x	wegen	ἐγγύς	7x	nahe	ἄτερ 2x	ohne
ἐπάνω	18x	oben auf	ὄπισθεν	7x	hinter	ἀντικρύς 1x	gegenüber
μέχρι	18x	bis	ἐναντίον	5x	vor	πλησίον 1x	nahe bei
χωρίς	40x	ohne	ὀπίσω	26x	hinter-her	κατενώπιον 3x	vor

Wörter 10mal im NT

ἁγιασμός	Heiligung	οἰκονόμος	Verwalter
ᾅδης	Hades, Unterwelt	ὅρκος	Eid
ἀσπασμός	Gruß	πόρνος	Unzüchtiger
βίβλος ἡ	Buch	στρατηγός	Feldherr
διωγμός	Verfolgung	σύνδουλος	Mitknecht
κοινωνός	Genosse, Teilhaber		
δάκρυον	Träne	χωρίον	Grundstück
ἀκαθαρσία	Unreinigkeit	περιστερά	Taube
ἀνατολή	Aufgang	πλάνη	Abirren
ἀσέλγεια	Zügellosigkeit	πλεονεξία	Habgier, Geiz
παρεμβολή	Lager	πύλη	Tor

ἀδύνατος,ον	unfähig, unmöglich	παραλυτικός,ή,όν	gelähmt
ἔνατος,η,ον	neunter	ποικίλος,η,ον	verschiedenartig
ἔνοχος,ον	festgehalten in	τέταρτος,η,ον	vierter
κλητός,ή,όν	berufen	ὑμέτερος,α,ον	euer

ἀπολύτρωσις,-εως ἡ	Freilassung	παντοκράτωρ,-ορος ὁ	Allherr, allmächtig
δεσπότης,-ου ὁ	Herr	ὑπόδημα,-ατος τό	Sandale
δικαίωμα,-ατος τό	Gebot	χρηστότης,-ητος ἡ	Güte
ἰσχύς,-ύος ἡ	Stärke	ψεῦδος,-ους τό	Lüge
μνῆμα,-ατος τό	Grab	ψεύστης,-ου ὁ	Lügner

ἀπολογέομαι	verteidige mich	ξενίζω	bewirte
ἀφαιρέω	nehme weg	παράγω	gehe vorüber
ἀφορίζω	sondere ab	πατάσσω	schlage
ἐγκαταλείπω	lasse übrig	πενθέω	klage
ἐκκόπτω	haue aus	προσκαρτερέω	beharre
ἐκπίπτω	falle heraus	σέβομαι	verehre
ἐμφανίζω	mache sichtbar	σιγάω	schweige
ἐξομολογέω	verspreche, bekenne	σιωπάω	schweige
ἐπιδίδωμι	gebe hin	στήκω	stehe
ἐπιτάσσω	befehle	συζητέω	disputiere
ἐπιτελέω	vollende	σφάζω	schlachte
θλίβω	quäle	ὑπαντάω	begegne
κοσμέω	schmücke	φείδομαι	schone
μακροθυμέω	habe Geduld	χωρέω	weiche, gehe
μέλει τινί	es liegt jmdm. an		

ἅμα	zugleich	μακράν	weit
ἐπειδή	nachdem, weil	ὄντως	in Wahrheit
κἀκεῖ	und dort	ταχέως	schnell
κἀκεῖθεν	und dorther	ὅδε, ἥδε, τόδε	dieser da

Zusatz: Häufigere Wörter der urchristlichen Literatur

ἁγνός	(kultisch, sittlich) rein	γογγύζω	murre
ἀγών, -ῶνος ὁ	Wettkampf	γυμνάζω	übe
ἀγωνίζομαι	kämpfe	δακρύω	weine
ἀδόκιμος	unbewährt, untüchtig	δαπανάω	wende auf
ἀεί	immer	δειλός	furchtsam, feige
αἵρεσις	Wahl; Partei	δῆλος	offenbar
αἰσχρός	häßlich, schändlich	διάγω	verbringe (eine Zeit), lebe
αἰσχύνομαι	schäme mich	διατρίβω	verweile
αἴτιος	schuld(ig); Urheber	δίκη	Recht, Strafe
ἀκριβής	genau	δοκεῖ μοι	es scheint mir (gut)
ἀμείνων, -ονος	besser	δόκιμος	bewährt, anerkannt
ἀμήχανος	ratlos, schwierig	δουλόω	knechte
ἀναγκάζω	zwinge	δωρεάν (Adv.)	umsonst
ἀναγκαῖος	notwendig	ἐξετάζω	prüfe
ἀξιόω	fordere, halte für würdig	ἐλάσσων, -ονος	geringer, weniger
ἁπλότης, -τητος ἡ	Einfachheit	ἐναντίος	entgegengesetzt, Gegner
ἀποδέχομαι	empfange	ἔνιοι	einige
ἀποδημέω	bin in der Fremde	ἔοικα	scheine, gleiche
ἀπολογία	Verteidigung	ἐπιλανθάνομαι τινός	vergesse etw.
ἀπορέω	bin ratlos	ἐπιμέλομαι τινός	sorge für etw.
ἀργός	untätig, faul	ἐπίσκοπος	Aufseher, Bischof
ἀρετή	Tüchtigkeit, Tugend	ἐπιτυγχάνω τινός	erlange etw.
ἄριστος	bester	ἔρις, ιδος ἡ	Streit
ἀρκέω	genüge	ἑρμηνεύω	übersetze
ἀσεβής	gottlos	εὐδαίμων, -ονος	glücklich, wohlhabend
ἀσφαλής	sicher	εὐδοκία	Wohlgefallen
αὖθις	wiederum	εὐσεβής	fromm
ἀφικνέομαι	komme an	εὐεργέτης	Wohltäter
βαρύς	schwer	εὐτυχία	Glück
βέβαιος	fest, sicher	ζημία	Nachteil; Strafe
βελτίων, -ονος	besser	ἥδομαι (τινί)	freue mich (über etw.)
βιάζομαι	zwinge	ἡδονή	Freude, Vergnügen
βίος	Leben (-szeit, -unterhalt)	ἡλικία	Lebensalter
βοηθέω	helfe	καθ' ἡμέραν	täglich
βουλεύομαι	berate mich, überlege	ἡμέτερος, α, ον	unser
βραδύς	langsam, träge	θαρσέω	bin mutig
βραχύς	1. kurz 2. wenig	θαυμαστός	wunderbar
γνώμη	Meinung	θεῖος	göttlich
ἀναμιμνήσκω	erinnere	τὸ δέον / τὰ δέοντα	d. Notwendige, d. Pflicht

ἰατρός	Arzt	πάτριος,α,ον	väterlich
ἰδίᾳ	für sich (allein)	πεδίον	Ebene
ἱδρύω	erbaue	πέφυκα	bin von Natur
ἱερός,ά,όν	heilig	πολέμιος	feindlich; Feind
ἴσος	gleich	πόνος	Mühe
καλύπτω	verhülle, verberge	πορθέω	zerstöre
καταδικάζω	verurteile	πόρρωθεν	von fern her
καταφρονέω τινός	verachte jmdn.	πρέπει	es ziemt sich
κίνδυνος	Gefahr	πρόθυμος,ον	geneigt, bereitwillig
κινέω	bewege	ῥίπτω	werfe
κοινωνέω τινός	habe teil an	σημαίνω	zeige an
κολάζω	strafe, züchtige	σκληρός,ά,όν	hart, grausam
κόπτω	schlage	στάσις,-εως ἡ	Aufstand, Unruhe
κράτιστος	stärkster, hochansehnlich	συγγενής,ές	verwandt; Verwandter
κραυγάζω	schreie	συμβαίνει	es ereignet sich
κτάομαι (Pf. κέκτημαι)	erwerbe	σύνεσις,-εως ἡ	Verstand, Einsicht
λανθάνω τινά	bin verborgen vor	σύνοιδα ἐμαυτῷ	bin mir bewußt
ποιῶν	tue heimlich, unbemerkt	σώφρων,-ονος	besonnen
λαμπρός,ά,όν	strahlend, leuchtend	τάξις,-εως ἡ	Ordnung
μάχομαι τινί	kämpfe gegen	τάσσω	ordne
μεστός τινος	voll von etwas	ταχύς	schnell
μεταμέλομαι	bereue	τείνω	spanne, dehne aus
μιμέομαι	ahme nach	τεῖχος,-ους τό	Mauer
μιμητής	Nachahmer	τρέπω	wende
μνήμη	Erinnerung, Gedächtnis	τρέφω	ernähre
νῆσος ἡ	Insel	τύχη	(Glücks)zufall; Schicksal
νίκη	Sieg	ὑπισχνέομαι	verspreche
ὁμόνοια	Eintracht	ὕπνος	Schlaf
ὀνειδίζω	schmähe	φθάνω τινά	komme jdm. zuvor
ὀνομάζω	benenne, nenne	ποιῶν	tue früher, eher
τῷ ὄντι	in der Tat, wirklich	(δια)φθείρω	vernichte
ὁρατός	sichtbar	φθόνος	Neid
ὁρμάω	treibe an	φθορά	Verderben
ὅσιος	heilig, fromm	φόνος	Mord
πάθος,-ους τό	Leid(en)	χαλεπός,ή,όν	schwierig, schlimm
πάλαι	längst, schon lange	χρή (m.AcI.)	es ist nötig, man muß
πάντως	völlig	χρηστός,ή,όν	brauchbar, gut
παραινέω	ermahne	χρίω	salbe
τὸ μέλλων / τὰ μέλλοντα	Zukunft	*Verbaladj.* χριστός	gesalbt

	Indik.	Aktiv	Medium	Passiv
	Präs.	παιδεύω	παιδεύομαι	
		παιδεύεις	παιδεύῃ	
		παιδεύει	παιδεύεται	
		παιδεύομεν	παιδευόμεθα	
		παιδεύετε	παιδεύεσθε	
		παιδεύουσιν	παιδεύονται	
	Impf.	ἐπαίδευον	ἐπαιδευόμην	
		ἐπαίδευες	ἐπαιδεύου	
		ἐπαίδευεν	ἐπαιδεύετο	
		ἐπαιδεύομεν	ἐπαιδευόμεθα	
		ἐπαιδεύετε	ἐπαιδεύεσθε	
		ἐπαίδευον	ἐπαιδεύοντο	
	Fut.	παιδεύσω	παιδεύσομαι	παιδευθήσομαι
		παιδεύσεις	παιδεύσῃ	παιδευθήσῃ
		παιδεύσει	παιδεύσεται	παιδευθήσεται
		παιδεύσομεν	παιδευσόμεθα	παιδευθησόμεθα
		παιδεύσετε	παιδεύσεσθε	παιδευθήσεσθε
		παιδεύσουσιν	παιδεύσονται	παιδευθήσονται
	Aor.	ἐπαίδευσα	ἐπαιδευσάμην	ἐπαιδεύθην
		ἐπαίδευσας	ἐπαιδεύσω	ἐπαιδεύθης
		ἐπαίδευσεν	ἐπαιδεύσατο	ἐπαιδεύθη
		ἐπαιδεύσαμεν	ἐπαιδευσάμεθα	ἐπαιδεύθημεν
		ἐπαιδεύσατε	ἐπαιδεύσασθε	ἐπαιδεύθητε
		ἐπαίδευσαν	ἐπαιδεύσαντο	ἐπαιδεύθησαν
Inf.	Präs.	παιδεύειν	παιδεύεσθαι	
	Fut.	παιδεύσειν	παιδεύσεσθαι	παιδευθήσεσθαι
	Aor.	παιδεῦσαι	παιδεύσασθαι	παιδευθῆναι
	Pf.	πεπαιδευκέναι	πεπαιδεῦσθαι	
Ptz.	Präs.	παιδεύων	παιδευόμενος	
	Fut.	παιδεύσων	παιδευσόμενος	παιδευθησόμενος
	Aor.	παιδεύσας	παιδευσάμενος	παιδευθείς
	Pf.	πεπαιδευκώς	πεπαιδευμένος	
Imp.	Präs.	παίδευε	παιδεύου	
	Aor.	παίδευσον	παίδευσαι	παιδεύθητι
	(3.Pers.	-έτω / -έτωσαν		-έσθω / -έσθωσαν)

Konj.	Aktiv	Medium	Passiv
Präs.	παιδεύω	παιδεύωμαι	
	παιδεύῃς	παιδεύῃ	
	παιδεύῃ	παιδεύηται	
	παιδεύωμεν	παιδευώμεθα	
	παιδεύητε	παιδεύησθε	
	παιδεύωσιν	παιδεύωνται	
Aor.	παιδεύσω	παιδεύσωμαι	παιδευθῶ
	παιδεύσῃς	παιδεύσῃ	παιδευθῇς
	παιδεύσῃ	παιδεύσηται	παιδευθῇ
	παιδεύσωμεν	παιδευσώμεθα	παιδευθῶμεν
	παιδεύσητε	παιδεύσησθε	παιδευθῆτε
	παιδεύσωσιν	παιδεύσωνται	παιδευθῶσιν
st.Aor.	βάλω	βάλωμαι	
	βάλῃς	βάλῃ	
	βάλῃ	βάληται	
	βάλωμεν	βαλώμεθα	
	βάλητε	βάλησθε	
	βάλωσιν	βάλωνται	

Partizipien

Präs. Aktiv	λύων	λύουσα	λῦον	λύοντες	λύουσαι	λύοντα
	λύοντος	λυούσης	λύοντος	λυόντων	λυουσῶν	λυόντων
	λύοντι	λυούσῃ	λύοντι	λύουσιν	λυούσαις	λύουσιν
	λύοντα	λύουσαν	λῦον	λύοντας	λυούσας	λύοντα
schw.Aor. Aktiv	λύσας	λύσασα	λῦσαν	λύσαντες	λύσασαι	λύσαντα
	λύσαντος	λυσάσης	λύσαντος	λυσάντων	λυσασῶν	λυσάντων
	λύσαντι	λυσάσῃ	λύσαντι	λύσασιν	λυσάσαις	λύσασι
	λύσαντα	λύσασαν	λῦσαν	λύσαντας	λυσάσας	λύσαντα
st.Aor. Aktiv	βαλών	βαλοῦσα	βαλόν	βαλόντες	βαλοῦσαι	βαλόντα
	βαλόντος	βαλούσης	βαλόντος	βαλόντων	βαλουσῶν	βαλόντων
	βαλόντι	βαλούσῃ	βαλόντι	βαλοῦσιν	βαλούσαις	βαλοῦσιν
	βαλόντα	βαλοῦσαν	βαλόν	βαλόντας	βαλούσας	βαλόντα
Aor. Passiv	-θείς	-θεῖσα	-θέν	-θέντες	-θεῖσαι	-θέντα
	-θέντος	-θείσης	-θέντος	-θέντων	-θεισῶν	-θέντων
	-θέντι	-θείσῃ	-θέντι	-θεῖσιν	-θείσαις	-θεῖσιν
	-θέντα	-θεῖσαν	-θέν	-θέντας	-θείσας	-θέντα
Perfekt Aktiv	-κώς	-κυῖα	-κός	-κότες	-κυῖαι	-κότα
	-κότος	-κυίας	-κότος	-κότων	-κυιῶν	-κότων
	-κότι	-κυίᾳ	-κότι	-κόσιν	-κυίαις	-κόσιν
	-κότα	-κυῖαν	-κός	-κότας	-κυίας	-κότα

Zur Übersetzung

1. Lies den Satz <u>ganz</u> und beachte die Satzgliederung (zB μέν - δέ).
2. Beachte genau die Interpunktion (τίς; "wer?"; εἶπεν· σύ = er sagte: "Du!").
3. Scheide zunächst die Nebensätze aus und suche das Verbum finitum des Hauptsatzes.
4. Suche im HS zum Verb.fin. das Subjekt (Ntr.Pl. hat verbale Sgl.-Endung!).
5. Es sind dann die zum Subjekt gehörenden Partizipien aufzugreifen:
   <u>zunächst</u> wörtlich, um sie dann kontextgemäß wiedergeben zu können: entw. parataktisch ("und") oder hypotaktisch ("als", "weil", "obgleich", "wenn" usw).
6. Der Gen.abs. liegt nur vor, wenn das Ptz. im Genitiv steht (aber <u>nur</u>, wenn es prädikativ steht, zB τοῦ κυρίου λέγοντος "während der Herr redete", dagegen aber attributiv τοῦ λέγοντος κυρίου "des redenden Herrn").
7. Die Infinitive sind in ihrer Abhängigkeit zu untersuchen. Möglichkeiten:
   a) Ergänzung des Verb.fin.   d) konsekutiv (ohne ὡς / ὥστε)
   b) als Inf. eines AcI   e) explicativ ("nämlich")   'nämlich')
   c) substantiviert   f) selten absolut.
8. Findet sich im HS kein Verb.fin., sondern nur ein oder mehrere Infinitive, so ist aus dem vorhergehenden Satz ein Verbum dicendi ('des Sagens') aufzugreifen oder zu erschließen (oratio obliqua).
9. In der oratio obliqua stehen alle Hauptsätze im AcI (also das Subjekt im Akk., ebenso die auf das Subjekt bezogenen Partizipien).
10. Für den Subj.-Akk. kann ein Ptc.conj. im Akkusativ stehen,
    zB ἥκοντα λέγειν = αὐτὸν ἥκειν καὶ λέγειν (vgl.Bl-D § 410, zB. Lk 5,7).
11. Es kann jedes Wort, jeder Satzteil oder jeder Satz substantiviert werden:
    Zwischen dem Artikel τό, τοῦ, τῷ (Ntr.!) und Inf.stehen oft weitere Satzglieder.
    Das Subjekt und die Ptc.conj. stehen beim substantivierten Inf. im Akkusativ
12. Ein Akkusativ, der weder Objekt noch Subj.-Akk. ist, kann Akk.limitationis sein!
13. Jeder Genitiv (mit Ausnahme des Gen.abs.) ist abhängig: adnominal als Gen.-Attribut oder adverbal als Objekt eines den Genitiv regierenden Verbums.
14. Ein Relativum trägt das betr. Demonstrativum in sich, wenn sein Beziehungswort fehlt (zB οἵ = οὗτοι, οἵ). Ohne voraufgehendes Komma liegt oft eine Attractio relativi vor
15. Das objektive οὐ verneint die Realität und ist die Negation des Indikativs;
    es verneint einzelne Wörter und Satzstücke.
    Das subjektive μή verneint die Verwirklichung eines Gedankens und ist die Negation des Infinitivs und in der Regel des Partizips. Ferner steht μή beim Imp.<u>Präs.</u>
16. οὐ und μή in der Frage: οὐ (οὐ μή, οὐχί), wenn eine bejahende Antwort,
                           μή (μήτι), wenn eine verneinende erwartet wird,
    zB 1Kor 9,8   μὴ κατὰ ἄνθρωπον ταῦτα λαλῶ, ('etwa?': Antwort "nein")
                  ἢ καὶ ὁ νόμος ταῦτα οὐ λέγει; ('nicht?': Antwort "ja").
17. Eine Negation wird durch eine Negation <u>verstärkt</u>, wenn die letzte zusammengesetzt ist: οὐ ... οὐδείς, μή ... μηδείς, οὐ ... οὐκέτι.
18. ἄν beim Indikativ: Impf. = Irrealis der Gegenwart / Aor. = Irrealis der Vergangenheit
        Konjunktiv: Eventualis oder Iterativus;
        Optativ: Potentialis ("wohl").
19. ἄν beim Infinitiv oder Partizip : irreal oder potential.
20. ὡς beim Ptz.Fut.: final; beim Ptz. Präs./Aor.: subjektiver Grund.
21. Der Imp.Präs.Sgl. Akt./ Med.-Pass. der Verba contracta:
    τίμα / τιμῶ   ποίει / ποιοῦ   δούλου / δουλοῦ
22. Die Betonungen des starken Aor. (im Unterschied zum Präsensstamm):
    βαλεῖν - βαλών - βαλοῦ - βαλέσθαι.

ἀγαθός	6	ἀναπίπτω	22	ἀφίημι	6	δεξιός	10	εἰπεῖν →λέγω		ἐπιδίδωμι	23	ἡμέτερος	24
ἀγαλλιάω	22	ἀνάστασις	12	ἀφικνέομαι	24	δέον	24	εἰρήνη	8	ἐπιζητέω	20	θάλασσα	8
ἀγαπάω	6	ἀναστροφή	20	ἀφίστημι	20	δέρω	19	εἰς	5	ἐπιθυμέω	19	θάνατος	6
ἀγάπη	6	ἀνατολή	23	ἀφορίζω	20	δέσμιος	18	εἷς	5	ἐπιθυμία	13	θανατόω	22
ἀγαπητός	10	ἀναχωρέω	20	ἄφρων	22	δεσμός	18	εἶτα	21	ἐπικαλέω	13	θάπτω	22
ἄγγελος	6	ἄνεμος	13	ἄχρι	12	δεσπότης	23	εἴτε	11	-λαμβάνομαι	16	θαρσέω	24
ἁγιάζω	15	ἀνέχομαι	19	βαίνω	9	δεῦτε	22	ἐκ/ἐξ	5	-λανθάνομαι	24	θαυμάζω	12
ἁγιασμός	23	ἀνήρ	3	βάλλω	6	δεύτερος	12	ἕκαστος	9	-μέλομαι	24	θαυμαστός	24
ἅγιος	3	ἀνθίσταμαι	20	βαπτίζω	9	δέχομαι	11	ἑκατόν	19	ἐπιμένω	19	θεάομαι	16
ἁγνοέω	16	ἄνθρωπος	3	βάπτισμα	16	δέω	12	-τάρχης	16	ἐπιπίπτω	22	θεῖος	24
ἁγνός	24	ἀνίστημι	7	βαπτιστής	20	δῆλος	24	ἐκεῖ	9	-σκέπτομαι	22	θέλημα	10
ἀγορά	21	ἀνοίγω	9	βαρύς	24	δηνάριον	18	ἐκεῖθεν	15	ἐπίσκοπος	24	θέλω	4
ἀγοράζω	13	ἀνομία	20	βασανίζω	22	διά	5	ἐκεῖνος	3	ἐπίσταμαι	20	θεμέλιος	18
ἀγρός	13	ἀντί	17	βασιλεία	6	διάβολος	13	ἐκκλησία	6	ἐπιστολή	16	θεός	3
ἄγω	9	ἄνωθεν	21	βασιλεύς	6	διάγω	24	ἐκκόπτω	23	ἐπιστρέφω	13	θεραπεύω	12
ἀγών	24	ἄξιος	12	βασιλεύω	18	διαθήκη	16	ἐκλέγομαι	16	ἐπιτάσσω	23	θερίζω	16
ἀγωνίζομαι	24	ἀξιόω	24	βαστάζω	15	διακονέω	13	ἐκλεκτός	16	ἐπιτελέω	23	θερισμός	20
ἀδελφή	14	ἅπαξ	21	βέβαιος	24	διακονία	13	ἐκπίπτω	23	ἐπιτιμάω	15	θεωρέω	11
ἀδελφός	3	ἀπαρνέομαι	22	βετίων	24	διάκονος	18	ἐκπλήσσω	20	ἐπιτρέπω	19	θηρίον	12
ᾅδης	23	ἅπας	13	βῆμα	21	διακρίνω	19	ἐκτείνω	19	ἐπιτυγχάνω	24	θησαυρός	18
ἀδικέω	15	ἀπέχω	19	βιβλίον	13	-λέγομαι	20	ἕκτος	20	ἐπουράνιος	18	θλίβω	23
ἀδικία	14	ἀπιστία	21	βίβλος	25	-λογίζομαι	19	ἐκχέω	19	ἑπτά	9	θλῖψις	12
ἄδικος	21	ἄπιστος	16	βιάζομαι	24	-λογισμός	20	ἐκχύνομαι	22	ἐργάζομαι	12	θρίξ	18
δόκιμος	24	ἁπλότης	24	βίος	24	-μαρτύρομαι	19	ἐλαία	21	ἐργάτης	18	θρόνος	10
δυνατός	23	ἀπό	5	βλασφημέω	13	-μερίζω	22	ἔλαιον	21	ἔργον	6	θυγάτηρ	15
εἰ	24	ἀποδέχομαι	24	βλασφημία	18	διάνοια	21	ἐλάχιστος	20	ἐρεῖν →λέγω		θυμός	18
ἐτέω	19	ἀποδίδωμι	12	βλέπω	6	διατάσσω	19	ἐλέγχω	19	ἔρημος	12	θύρα	13
ζῆμα	8	ἀποθνῄσκω	24	βοάω	24	διατρίβω	24	ἐλεέω	13	ἔρις	24	θυσία	14
ρεσις	24	ἀπειθέω	20	βοηθέω	24	διαφέρω	20	ἐλεημοσύνη	20	ἑρμηνεύω	24	θυσιαστήριον	16
ἱερέω	17	ἀποθνῄσκω	6	βουλεύομαι	24	διδασκαλία	16	ἐλεῖν→αἱρέω		ἔρχομαι	4	θύω	20
ρω	6	ἀποκαλύπτω	15	βουλή	21	διδάσκαλος	10	ἔλεος	15	ἐρωτάω	11	ἰάομαι	15
σχρός	24	ἀποκάλυψις	18	βούλομαι	13	διδάσκω	9	ἐλευθερία	21	ἐσθίω	6	ἰατρός	25
σχύνομαι	24	ἀποκρίνομαι	4	βραδύς	24	διδαχή	13	ἐλεύθερος	16	ἔσχατος	10	ἰδίᾳ	25
τέω	11	ἀποκτείνω	11	βραχύς	24	δίδωμι	4	ἐλπίζω	13	ἔσωθεν	22	ἴδιος	6
τία	16	ἀπόλλυμι	9	βροντή	21	δίκαιος	8	ἐλπίς	10	ἕτερος	6	ἴδε	15
τιος	24	ἀπολογία	24	βρῶμα	18	δικαιοσύνη	8	ἐμαυτοῦ	13	ἔτι	9	ἰδού	5
ὤν	6	ἀπολύω	11	βρῶσις	21	δικαιόω	13	ἐμβαίνω	19	ἑτοιμάζω	12	ἱδρύω	25
ἰώνιος	10	-λογέομαι	23	γαμέω	15	δικαίωμα	23	ἐμός	9	ἕτοιμος	18	ἱερεύς	13
ἀκάθαρτος	23	-λύτρωσις	23	γάμος	18	δίκη	24	ἐμπαίζω	20	ἔτος	12	ἱερόν	10
ἀκάθαρτος	13	ἀπορέω	24	γάρ	5	δίκτυον	21	ἔμπροσθεν	12	εὐαγγελίζω	11	ἱερός	25
ἄνθαι	20	ἀποστέλλω	6	γε	14	διό	11	ἐμφανίζω	23	εὐαγγέλιον	8	ἵημι →ἀφίημι	
ἀκοή	16	ἀπόστολος	8	γέεννα	21	διότι	17	ἐν	5	εὐδαίμων	24	ἱκανός	12
ἀκολουθέω	9	ἅπτομαι	13	γέμω	22	διψάω	19	ἔνατος	23	εὐδοκέω	16	ἱμάτιον	10
ἀκούω	4	ἀπώλεια	16	γενεά	12	διωγμός	23	ἐνδείκνυμι	22	εὐεργέτης	24	ἵνα	5
ἀκριβῶς	24	ἄρα	12	γεννάω	9	διώκω	12	ἔνδυμα	15	εὐθέως	14	ἵππος	18
ἀκροβυστία	25	ἀργύριον	16	γένος	16	δοκεῖ μοι	24	ἕνεκεν	15	εὐθύς	11	ἴσος	25
ἕκτωρ	21	ἀργός	24	γεύομαι	19	δοκέω	11	ἐνεργέω	16	εὐλογέω	12	ἵστημι	6
ἀλήθεια	8	ἀρέσκω	19	γεωργός	18	δοκιμάζω	16	ἐνιαυτός	20	εὐλογία	18	ἰσχύω	15
ἀληθής	15	ἀρετή	22	γῆ	5	δόκιμος	24	ἔνοχος	23	εὑρίσκω	6	ἰσχυρός	14
ἀληθινός	14	ἀριθμός	18	γίνομαι	4	δόλος	21	ἐντέλλομαι	20	εὐσέβεια	18	ἰσχύς	23
ἀληθῶς	19	ἄριστος	24	γινώσκω	4	δόξα	6	ἐντολή	10	εὐσεβής	24	ἰχθύς	16
ἁλά	8	ἀρκέω	24	γλῶσσα	10	δοξάζω	11	ἐνώπιον	9	εὐτυχία	25	κἀγώ	9
ἀλλήλων	6	ἀρνέομαι	13	γνώμη	24	δουλεύω	15	ἐξ	21	εὐφραίνω	20	καθάπερ	19
ἄλλος	6	ἀρνίον	13	γνωρίζω	15	δοῦλος	6	ἐξαποστέλλω	20	εὐχαριστέω	13	καθαρίζω	13
ἀλλότριος	20	ἁρπάζω	20	γνῶσις	15	δουλόω	24	ἔξεστιν	13	εὐχαριστία	18	καθαρός	14
ἅλυσις	21	ἄρτι	14	γνωστός	18	δράκων	20	ἐξετάζω	24	ἐφίσταμαι	16	καθεύδω	16
ἅμα	23	ἄρτος	8	γογγύζω	24	δραμεῖν→τρέχω		ἐξίστημι	19	ἐχθρός	13	κάθημαι	9
ἁμαρτάνω	12	ἀρχαῖος	21	γονεῖς	16	δύναμις	6	ἐξομολογέω	23	ἔχω	4	καθίζω	12
ἁμαρτία	6	ἀρχή	10	γόνυ	21	δύναμαι	4	ἐξουθενέω	22	ἕως	8	καθίστημι	16
ἁμαρτωλός	12	ἀρχιερεύς	6	γράμμα	20	δυνατός	13	ἐξουσία	6	ζάω	6	καθώς	8
ἀμεῖνον	24	ἄρχω	9	γραμματεύς	9	δύο	6	ἔξω	11	ζῆλος	18	καί	5
ἤχανος	24	ἄρχων	13	γραφή	10	δώδεκα	9	ἔξωθεν	21	ζηλόω	22	καινός	12
ἀμπελών	16	ἀσεβής	24	γράφω	6	δωρεά	21	ἐλάσσων	24	ζημία	24	καιρός	8
ἀμφότεροι	20	ἀσέλγεια	23	γρηγορέω	16	δωρεάν	24	ἐναντίος	24	ζητέω	6	καίω	22
ἄν	8	ἀσθένεια	16	γυμνάζω	24	δῶρον	18	ἔνιοι	24	ζύμη	20	κἀκεῖ	23
ἀνά	21	ἀσθενέω	13	γυμνός	18	ἐάν	4	ἔοικα	24	ζωή	6	κἀκεῖθεν	23
ἀναβαίνω	9	ἀσθενής	16	γυνή	3	ἑαυτοῦ	5	ἑορτή	14	ζῷον	16	κἀκεῖνος	16
ἀναβλέπω	15	ἀσκός	21	δαιμονίζομαι	20	ἐάω	22	ἐπαγγελία	10	ζῳοποιέω	22	κακία	21
ἀναγγέλλω	20	ἀσπάζομαι	11	δαιμόνιον	10	ἐγγίζω	12	ἐπαγγέλλομαι	19	ἤ	5	κακός	10
ἀναγινώσκω	2	ἀσπασμός	23	δάκρυον	23	ἐγγύς	14	ἐπαινέω	21	ἡγέομαι	16	κακῶς	19
ἀναγκάζω	24	ἀστήρ	17	δακρύω	24	ἐγείρω	6	ἐπαίρω	19	ἡγεμών	16	κάλαμος	21
ἀναγκαῖος	24	ἀσφαλής	24	δαπανάω	24	ἐγκαταλείπω	23	ἐπάνω	19	ἤδη	11	καλέω	6
ἀνάγκη	18	ἀτενίζω	20	δέ	5	ἐγώ	3	ἐπαύριον	19	ἥδομαι	24	καλός	8
ἀνάγω	17	αὖθις	24	δέησις	23	ἔθνος	6	ἐπεί	15	ἡδονή	24	καλύπτω	25
αἱρέω	15	αὐλή	21	δεῖ	6	εἰ	4	ἐπειδή	23	ἥκω	15	καλῶς	14
αἰρέω	20	αὐξάνω	16	δείκνυμι	9	εἶδον	4	ἔπειτα	19	ἡλικία	24	κἄν	19
ἀκρίνω	19	αὔριον	20	δειλός	24	εἴδωλον	21	ἐπερωτάω	11	ἥλιος	13	καπνός	20
ἀλαμβάνω	20	αὐτός	3	δεῖπνον	19	εἴκοσι	22	ἐπί	5	ἡμεῖς	3	καρδία	6
ἀμιμνῄσκω	24	ἀφαιρέω	23	δέκα	15	εἰκών	16	ἐπιγινώσκω	12	ἡμέρα	3	καρπός	10
ἀπαύω	22	ἄφεσις	18	δένδρον	14	εἰμί	4	ἐπίγνωσις	16	καθ'ἡμέραν	24	κατά	5

καταβαίνω	9	λαμπρός	25	μύρον	20	οὐκέτι	12	πιάζω	22	πτωχός	13	τάξις
καταβολή	21	λανθάνω	25	μυστήριον	14	οὐ μή	9	πίμπλημι	15	πύλη	23	ταπεινόω
καταδικάζω	25	λαός	5	μωρός	21	οὖν	5	πίνω	11	πυλών	18	ταράσσω
κατακαίω	22	λατρεύω	16	ναί	14	οὕπω	15	πίπτω	9	πυνθάνομαι	22	τάσσω 14.2
καιαισχύνω	20	λέγω	4	ναός	12	οὐρανός	3	πιστεύω	4	πῦρ	10	ταχέως
κατακρίνω	19	λείπω	17	νεανίσκος	21	οὖς	13	πίστις	3	πωλέω	17	ταχύ
-λαμβάνω	20	λευκός	16	νεκρός	6	οὔτε	9	πιστός	10	πῶλος	21	ταχύς
καταλείπω	16	λῃστής	18	νέος	16	οὗτος	4	πλανάω	13	πως	21	τε
κατανοέω	20	λίαν	22	νεφέλη	14	οὕτως	5	πλάνη	23	πῶς	8	τείνω
καταντάω	20	λίθος	10	νήπιος	20	οὐχί	11	πλείων	10	ῥάβδος	21	τεῖχος
καταργέω	15	λίμνη	21	νῆσος	25	ὀφείλω	13	πλεονεξία	23	ῥῆμα	10	τέκνον
καταρτίζω	20	λιμός	21	νηστεύω	17	ὀφθαλμός	6	πληγή	16	ῥίζα	18	τελέω
-σκευάζω	22	λογίζομαι	12	νικάω	15	ὄψις	20	πλῆθος	13	ῥίπτω	25	τέλειος
-φρονέω	25	λόγος	3	νίκη	25	ὄχλος	4	πληθύνω	22	ῥύομαι	19	τελειόω
κατέναντι	22	λοιπός	10	νίπτω	19	ὀψία	20	πλήν	14	σάββατον	10	τελευτάω
-εργάζομαι	16	λυπέω	15	νοέω	20	ὅσιος	12	πλήρης	19	σαλεύω	19	τέλος
κατέχω	19	λύπη	21	νομίζω	20	πάθημα	18	πληρόω	9	σάλπιγξ	22	τελώνης
κατηγορέω	16	λυχνία	21	νόμος	6	πάθος	25	πλήρωμα	18	σαπίζω	22	τέρας
κατοικέω	12	λύχνος	20	νόσος	20	παιδεύω	20	πλησίον	9	σάρξ	6	τεσσεράκοντα
καυχάομαι	13	λύω	12	νοῦς	16	παιδίον	10	πλοῖον	10	σεαυτοῦ	12	τέσσαρες
καύχημα	21	μαθητής	3	νυμφίος	18	παιδίσκη	20	πλούσιος	14	σέβομαι	23	τέταρτος
καύχησις	21	μακάριος	10	νῦν	8	παῖς	16	πλουτέω	22	σεισμός	20	τηρέω
κεῖμαι	16	μακράν	21	νυνί	10	πάλαι	25	πλοῦτος	16	σημαίνω	25	τίθημι
κελεύω	15	μακρόθεν	21	νύξ	10	παλαιός	18	πνεῦμα	3	σημεῖον	8	τίκτω
κενός	18	μακροθυμέω	23	ξενίζω	23	πάλιν	4	πνευματικός	14	σήμερον	12	τιμάω
κέρας	21	μακροθυμία	20	ξένος	15	παντοκράτωρ	23	πόθεν	10	σιγάω	23	τιμή
κερδαίνω	19	μάλιστα	22	ξηραίνω	19	πάντοτε	12	ποιέω	4	σῖτος	20	τίμιος
κεφαλή	8	μᾶλλον	9	ξύλον	16	πάντως	25	ποικίλος	23	σιωπάω	23	τις
κηρύσσω	11	μανθάνω	15	ὁ, ἡ, τό	5	παρά	8	ποιμαίνω	22	σκανδαλίζω	15	τίς
κίνδυνος	25	μαρτυρέω	9	ὅδε	23	παραβολή	10	ποιμήν	18	σκάνδαλον	18	τοιοῦτος
κινέω	25	μαρτυρία	13	ὁδός	9	παραγγέλλω	13	ποῖος	13	σκεῦος	16	τολμάω
κλάδος	21	μαρατύριον	16	ὁδούς	21	παραγίνομαι	13	πολέμιος	25	σκηνή	6	τόπος
κλάω	20	μάρτυς	13	ὅθεν	19	παράγω	23	πόλεμος	18	σκληρός	25	τοσοῦτος
κλαίω	13	μάχαιρα	14	οἶδα	4	παραδίδωμι	7	πόλις	6	σκοτία	18	τότε
κλείω	19	μάχομαι	20	οἰκία	8	παράδοσις	20	πολλάκις	19	σκότος	15	τράπεζα
κλέπτης	18	μέγας	6	οἰκοδεσπότης	21	παραινέω	25	πολύς	5	σός	14	τρεῖς
κλέπτω	20	μείζων	12	οἰκοδομέω	12	παραιτέομαι	22	πονηρός	9	σοφία	10	τρέπω
κληρονομέω	19	μέλει	23	οἰκοδομή	18	παρακαλέω	7	πόνος	25	σοφός	16	τρέφω
κληρονομία	20	μέλλω	25	οἰκονόμος	23	παράκλησις	15	πορεύομαι	7	σπείρω	11	τρέχω
κληρονόμος	18	μέλλω	7	οἶκος	9	παραλαμβάνω	12	πόρθεν	25	σπέρμα	12	τριάκοντα
κλῆρος	21	μέλος	13	οἰκουμένη	18	παραλυτικός	23	πορνεία	14	σπλάγχνα	25	τρίς
κλῆσις	21	μέν	8	οἶνος	13	παράπτωμα	18	πόρνη	21	σπλαγχνίζομαι	22	τρίτος
κλητός	23	μένω	9	οἷος	20	παρατίθημι	18	πόρνος	23	σπουδάζω	22	τρόπος
κοιλία	16	μερίζω	20	ὀλίγος	12	παραχρῆμα	19	πόρρωθεν	25	σπουδή	6	τροφή
κοιμάομαι	19	μεριμνάω	19	ὅλος	6	πάρειμι	17	πόσος	15	στάσις	25	τυγχάνω
κοινός	20	μέρος	20	ὄμνυμι	15	παρεμβολή	23	ποταμός	18	σταυρός	14	τύπος
κοινόω	20	μέσος	10	ὁμοθυμαδόν	25	παρέρχομαι	15	ποτέ	15	σταυρόω	12	τύπτω
κοινωνέω	25	μεστός	25	ὅμοιος	12	παρέχω	19	πότε	19	στέλλω→ἀποστ.		τυφλός
κοινωνία	18	μετά	5	ὁμοιόω	19	παρθένος	18	ποτήριον	13	στέφανος	18	τύχη
κοινωνός	23	μεταβαίνω	22	ὁμοίως	14	παριστάνω	12	ποτίζω	19	στήκω	9	ὑγιαίνω
κολάζω	25	μεταμέλομαι	25	ὁμολογέω	15	παρουσία	16	ποῦ	12	στηρίζω	21	ὑγιής
κολλάομαι	22	μετανοέω	13	ὁμόνοια	25	παρρησία	13	πούς	8	στοά	8	ὕδωρ
κομίζω	22	μετάνοια	20	ὀνειδίζω	25	πᾶς	5	πρᾶγμα	21	στρατηγός	20	υἱός
κοπιάω	16	μεταξύ	22	ὄνομα	3	πάσχω	12	πράσσω	13	στρατιώτης	15	ὑμέτερος
κόπος	18	μετρέω	22	ὀνομάζω	25	πατάσσω	23	πραΰτης	22	στρέφω	17	ὑμέτερος
κόπτω	20	μέτρον	20	τῷ ὄντι	25	πατήρ	3	πρέπει	25	σύ	3	ὑπάγω
κόσμος	6	μέχρι	19	ὄντως	23	πάτριος	25	πρεσβύτερος	10	συγγενής	25	ὑπακοή
κοσμέω	23	μή	5	ὀπίσω	14	παύω	19	πρίν	21	συζητέω	23	ὑπακούω
κράβατος	15	μηδέ	11	ὅπου	9	πεδίον	25	πρό	12	συκῆ	18	ὑπαντάω
κράζω	11	μηδείς	9	ὅπως	11	πείθω	11	προάγω	17	συμβαίνει	25	ὑπάρχω
κρατέω	12	μηκέτι	17	ὅραμα	21	πεινάω	17	πρόβατον	13	σύν	8	ὑπέρ
κράτιστος	8	μήν	18	ὁρατός	25	πειράζω	13	πρόθεσις	22	συναγωγή	20	ὑπηρέτης
κράτος	21	μήποτε	15	ὁράω	7	πειρασμός	16	πρόθυμος	25	σύνδουλος	23	ὑπισχνέομαι
κραυγάζω	25	μήτε	14	ὀργή	13	πέμπω	9	πρός	5	συνείδησις	16	ὕπνος
κρείσσων	19	μήτηρ	4	ὅριον	21	πενθέω	23	-δέχομαι	21	συνείδησις	20	ὑπό
κρίμα	15	μήτι	19	ὅρκος	23	πέντε	14	-δοκάω	19	συνεργός	20	ὑπόδημα
κρίνω	7	μικρόν	20	ὁρμάω	25	πέραν	17	-εύχομαι	4	σύνεσις	25	ὑποκάτω
κρίσις	12	μικρός	13	ὄρος	10	περί	5	εὐχή	13	συνέχω	22	ὑποκριτής
κριτής	18	μιμέομαι	25	ὅς, ἥ, ὅ	3	περιβάλλω	17	-ἔχω	7	συνίημι	15	ὑπομένω
κρύπτω	19	μιμητής	25	ὅσος	16	περιπατέω	9	-καλέομαι	15	σύνοιδα ἑ.	25	ὑπομονή
κρυπτός	8	μιμνήσκομαι	16	ὅστις	6	περισσεύω	13	-καρτερέω	23	σφάζω	23	ὑποστρέφω
κτάομαι	25	μισέω	13	ὅταν	8	-σσότερος	18	-κυνέω	11	σφόδρα	22	ὑποτάσσω
κτίζω	19	μισθός	14	ὅτε	4	-σσότερως	22	-λαμβάνομαι	22	σφραγίζω	19	ὑποτάσσω
κτίσις	20	μνῆμα	23	ὅτι	5	περιστερά	23	πρόσωπον	10	σφραγίς	15	ὑστερέω
κύριος	3	μνημεῖον	13	οὗ	17	περιτέμνω	19	πρότερος	22	σχίζω	22	ὕστερον
κωλύω	16	μνήμη	25	οὐ, οὐκ, οὐχ	15	περιτομή	13	προφητεία	18	σῴζω	7	ὑψηλός
κώμη	14	μνημονεύω	19	οὐαί	12	πετεινόν	20	προφήτης	6	σῶμα	2	ὕψιστος
κωφός	20	μοιχεύω	20	οὐδέ	8	πέτρα	18	πρωΐ	22	σωτήρ	16	ὑψόω
λαλέω	4	μόνον	11	οὐδείς	5	πέφυκα	11	πρῶτον	11	σωτηρία	12	φαγεῖν→ἐσθί
λαμβάνω	4	μόνος	12	οὐδέποτε	19	πηγή	21	πρῶτος	8	σώφρων	25	φαίνω

φημί	11	φίλος	14	φωνέω	12	χήρα	14	χρηστότης	23	ψεύδομαι	22
φανερός	18	φοβέομαι	9	φωνή	6	χιλίαρχος	16	χριστός	25	ψεῦδος	23
φανερόω	12	φόβος	12	φῶς	10	χιλιάς	16	χρίω	25	ψεύστης	23
φείδομαι	23	φονεύω	22	φωτίζω	22	χίλιοι	22	χρόνος	10	ψυχή	6
φέρω	11	φόνος	25	χαίρω	11	χιτών	22	χρυσίον	20	ὧδε	11
φεύγω	15	φρονέω	15	χαλεπός	25	χοῖρος	21	χρυσοῦς	18	ὥρα	6
φθάνω	25	φρόνιμος	20	χαρά	10	χορτάζω	19	χωλός	20	ὡς	5
φθείρω	25	φυλακή	12	χαρίζομαι	17	χόρτος	18	χώρα	14	ὡσαύτως	19
φθόνος	25	φυλάσσω	14	χάρις	6	χράομαι	22	χωρέω	23	ὡσεί	17
φθορά	25	φυλή	13	χάρισμα	19	χρεία	12	χωρίζω	21	ὥσπερ	14
φιάλη	21	φύσις	22	χείρ	6	χρή	25	χωρίον	23	ὥστε	9
φιλέω	15	φυτεύω	22	χείρων	22	χρηστός	25	χωρίς	12	ὠφελέω	19

Die restlichen - im Vokabular nicht aufgenommenen, aber leicht zu erschließenden - Wörter über 10mal im NT:

ἀμήν 126×   εἰσέρχομαι 192×   ἐπαισχύνομαι 11×   κατέρχομαι 15×   συμφέρω 15×
ἀπαγγέλλω 46×   ἐκβάλλω 81×   ἐπιβάλλω 18×   προσέρχομαι 87×   συνάγω 59×
ἀπάγω 15×   ἐκπορεύομαι 33×   ἐπιτίθημι 40×   προστίθημι 18×   συνέρχομαι 30×
ἀπέρχομαι 116×   ἐμβλέπω 11×   καταγγέλλω 18×   προσφέρω 47×   συνίστημι 16×(s.S.8)
διέρχομαι 42×   ἐξάγω 12×   κατάκειμαι 12×   προφητεύω 28×   ψευδοπροφήτης 11×
εἰσάγω 11×   ἐξέρχομαι 216×   καταλύω 17×   συλλαμβάνω 16×   ὦ 17×
εἰσπορεύομαι 18×

Seitenangabe für

a) Deklination

ὁ ἡ τό	3	πνεῦμα	3	ὤν οὖσα ὄν	5	βασιλεύς	10
ἄνθρωπος	3	τίς τί	3	εἷς μία ἕν	5	ἔθνος τό	10
ἡμέρα	3	ἐγώ/σύ ἡμεῖς/ὑμεῖς	3	ἀλλήλων	6	ἀληθής ἀληθές	15
μαθητής	3	πᾶς πᾶσα πᾶν	5	πλείων πλεῖον	10	εὐθύς,-εῖα,-ύ	11

b) Konjugation

οἶδα	4	εἶναι	4	φημί	11	παιδεύω	26-27

c) Stammformen von

ἄγω	9	γίνομαι	4	θέλω	4	πίνω	11
αἱρέω	17	γινώσκω	4	ἵημι (ἀφίημι)	7	πίπτω	9
αἴρω	7	γράφω	7	ἵστημι/ἵσταμαι	7	ποιέω	4
ἀκούω	4	δείκνυμι	14	καθίζω	12	πορεύομαι	7
ἁμαρτάνω	12	δέομαι	17	καλέω	7	πράσσω	14
ἀνοίγω	9	δίδωμι	4	λαμβάνω	4	στέλλω	7
ἀποθνήσκω	7	δύναμαι	4	λέγω	4	στρέφω	17
ἀποκρίνομαι	4	ἐγείρω	7	λείπω	17	σῴζω	7
ἀποκτείνω	11	ἔρχομαι	4	μανθάνω	15	τάσσω	14
ἀπόλλυμι/μαι	9	ἐρωτάω	11	μιμνήσκομαι	17	τίθημι	7
ἄρχω	9	ἐσθίω	7	ὄμνυμι	15	φαίνω	14
αὐξάνω	17	εὑρίσκω	7	ὁράω	7	φέρω	11
βαίνω	9	ἔχω	4	πείθω	11	φεύγω	15
βάλλω	7	ζάω	7	πίμπλημι	15	χαίρω	11
βούλομαι	14	δοκέω	11	πάσχω	12		

d) Komposita und Formen von ἵστημι / ἵσταμαι   8
Zusammenstellung der uneigentlichen Präpositionen beim Genitiv   22

Das Vokabular der im Neuen Testament mindestens 10mal vorkommenden griechischen Wörter wurde erstellt nach

R. *Morgenthaler,* Statistik des neutestamentlichen Wortschatzes, Zürich 1982³.

W. *Bauer,* Griechisch-Deutsches Wörterbuch zu den Schriften des Neuen Testaments und der übrigen urchristlichen Literatur, Berlin 1971⁵.

Grammatische Paradigmen und Stammformen folgen

F. *Blaß/A. Debrunner,* Grammatik des neutestamentlichen Griechisch. Bearb. von F. *Rehkopf,* Göttingen 1984¹⁶.

CIP-Kurztitelaufnahme der Deutschen Bibliothek

Rehkopf, Friedrich:
Griechisches Lernvokabular zum Neuen Testament :
Wortschatz, grammat. Paradigmen
u. Stammformen / Friedrich Rehkopf. –
Göttingen : Vandenhoeck u. Ruprecht, 1987
ISBN 3-525-52183-9

NE: HST

Das Werk einschließlich aller seiner Teile ist urheberrechtlich geschützt. Jede Verwertung außerhalb der engen Grenzen des Urheberrechtsgesetzes ist ohne Zustimmung des Verlages unzulässig und strafbar.
Das gilt insbesondere für Vervielfältigungen, Übersetzungen, Mikroverfilmungen und die Einspeicherung und Verarbeitung in elektronischen Systemen.
© 1987 Vandenhoeck & Ruprecht, Göttingen
Printed in Germany
Druck und Bindearbeiten: Hubert & Co., Göttingen